Wilhelm Jensen

Über die Vivisektion, ihre Gegner und Richard Wagner

Wilhelm Jensen

Über die Vivisektion, ihre Gegner und Richard Wagner

ISBN/EAN: 9783743665743

Hergestellt in Europa, USA, Kanada, Australien, Japan

Cover: Foto ©ninafisch / pixelio.de

Weitere Bücher finden Sie auf **www.hansebooks.com**

Ueber die Vivisektion,

ihre Gegner

und

Herrn Richard Wagner.

Von

Wilhelm Jensen.

Stuttgart.
Verlag von Levy & Müller.
1881.

Nachdruck verboten.

Alle Rechte vorbehalten.

Druck von K. Weiß in Ellwangen.

Der Gegenstand, den der erste Theil des Titels dieses Heftchens bezeichnet, ist in letzter Zeit mehrfach der öffentlichen Besprechung unterzogen worden. Scheinbar liegt allerdings das Thema der Vivisektion von den Interessen des allgemeinen gebildeten Leserkreises weit ab; es ergeht indeß mit demselben, wie mit Allem, was dem Bereich der Menschheit angehört. Von jeher sind dort Abschnitte eingetreten, in denen sich der große Widerstreit zwischen Vor= und Rückbewegung, der uralte Erdenkampf zwischen Vernunft und Thorheit plötzlich auf einem Gebiete concentrirt, das bis dahin friedlich seitab gelegen und keiner Vertheidigung bedurfte, weil kein Angriff darauf stattfand. In solcher Lage befand sich bis vor Kurzem die Thätigkeit der Physiologie. Sie durchschritt ruhig ihre Bahnen, auf denen ihr Wenige zu folgen vermochten. Bescheiden verbarg sie die Verdienste ihrer mühevollen Arbeit hinter denen des ausübenden Arztes, der sich ihrer Ergebnisse zum Nutzen der Menschheit bediente. Sie bildete den Generalstab, dessen theoretische Strategik das Armeekorps befähigte, den Sieg am Krankenbette zu erringen und den Dank und Ruhm dafür einzuernten. Vor wenig Jahren noch würde derjenige Laie allgemein als ein Verrückter betrachtet worden sein, welcher sich angemaßt hätte, der physiologischen Wissenschaft Vorschriften über die von ihr einzuschlagenden oder zu vermeidenden Wege zu ertheilen.

Plötzlich jedoch scheint jetzt, besonders unter den Völkern germanischer Abstammung, eine geistige Epidemie ausgebrochen, die an ähnliche Vorgänge des Mittelalters, z. B. den Veitstanz, erinnert und unter der geistigen Einfalt in einem Grade ansteckend wirkt, wie das Marpinger Wunderbild unter den ultramontanen Bauerngemüthern am Rhein. Es hat sich Protest, Anklage und Verdammung zugleich, eine Aburtheilung über eine Seite physiologischer Thätigkeit erhoben, welche jener künstlich

…gehören dieser letzteren nicht an, haben weder den Beruf, und die Bestallung, noch die Befähigung, sie in wissenschaftlicher Weise zu vertheidigen. Zugleich ist unsere Achtung vor der Physiologie eine zu hohe, als daß wir, falls wir zu ihren Vertretern zählten, uns zu ihrer Rechtfertigung gegen die erhobenen Anschuldigungen herbeilassen würden. Trotzdem drängt es uns, als Laien, über die letzteren mit anderen Laien ein Wort zu sprechen, denn obwohl wir uns eines regen Mitgefühls auch mit den Leiden von Thieren theilhaftig wissen, können wir nicht umhin, die Antheilnahme an der Vernunft unserer Mitmenschen in uns als überwiegend zu empfinden und aus ihr hervor eine kurze Beleuchtung des in Rede stehenden Gegenstandes für Solche zu versuchen, deren anders gearteter Beschäftigung derselbe bisher fremd oder doch nur halbverständlich gewesen, und die mehr oder minder ungewiß in den erhobenen Tumult aufhorchen. Unfraglich sollte von vornherein auch Das überflüssig sein, aber wie die Welt ist, wird es von Zeit zu Zeit nothwendig, ihr zu wiederholen, daß zweimal zwei vier ausmacht, denn es erzeugen sich immer wieder Leute in ihr, welche einen Lebensberuf darin suchen und ausgiebig finden, weniger arithmetisch geschulte Gemüther hinsichtlich der Richtigkeit der obigen Multiplikation zu beirren.

Da wir auch für Solche schreiben, denen vielleicht hier das Wort „Vivisektion" zum ersten Mal entgegentritt, müssen wir mit einer kurzen Definition desselben beginnen. Man bezeichnet damit Versuche, chirurgische Eingriffe, die von Physiologen an lebenden Thieren angestellt werden, um über die Funktionen der Organe derselben, besonders über die Gehirn- und Nerventhätigkeit im lebenden Körper Aufschlüsse zu erlangen, deren Ergebnisse die Pathologie, Therapie und Chirurgie auf Grund jener Beobachtungen nachher bei den Erkrankungen von Menschen zu verwerthen und die letzteren dadurch zu heilen vermag. Da die Erlernung der medicinischen Wissenschaft hauptsächlich auf Anschauung beruht, dient die Vivisektion zugleich vermittelst der nämlichen für die Forschung benützten Thiere zur demonstrativen Belehrung der Studenten. Einen, dem Gelärm unserer Tage gegen die letztere vollkommen analogen Vorgang zeigt uns die Geschichte des Mittelalters. In ihm verbot die Kirche, die von jeher die instinktive Gegnerin des Fortschrittes der Naturwissenschaften gewesen, das Oeffnen einer menschlichen Leiche, welche ihr auch im Tode noch das geheiligte Ebenbild Gottes darstellte. Sie hintertrieb dadurch jede Möglichkeit einer sicheren Belehrung über die anatomischen Verhältnisse des menschlichen Körpers, die von den Aerzten nur schlußfolgerungsweise an getödteten Thieren untersucht werden durften, und als der Fortschritt der Zeit jenes Verbot als sinnlose Narrheit zu betrachten anhub, für die Wohlfahrt der Menschheit von den Aerzten das Studium, die genaueste anatomisch-physiologische Kenntniß des menschlichen Organismus forderte, da gab es unfraglich ebenfalls eine große Anzahl christlich=empörter und sentimental=aufgeregter Gemüther, welche über diese Neuerung der Entweihung des sehr ausdruckslos gewordenen göttlichen Ebenbildes in convulsivische Zuckungen verfielen. Aber das Bedeutungsvolle, der ungeheure Nutzen für die lebende Menschheit, den die Wissenschaft, das Urtheil der Verständigen in der Belehrung durch die Todten erkannte, bekümmerte sich nicht mehr um die aus den Wolken geholten Theaterblitze der Einen, noch um die hysterischen Krämpfe der Andern, und heute beruhigt sich selbst jede noch so kinderlos=altjungfernhafte Wittwe nicht, ehe der Arzt eine Obduktion angestellt und sie tröstlich die Gewißheit erlangt hat, woran ihr lieber Mann denn eigentlich aus dem Leben geschieden sei.*)

---

*) Wir sehen uns veranlaßt, an dieser Stelle beizufügen, daß die katholische Kirche trotzdem nicht zu aller Zeit der anatomischen und physiologischen Wissenschaft feindlich gegenübergestanden hat, wie ein protestantischer Pfarrer aus Magdeburg, Herr Henri Tollin, dies kürzlich in einem Aufsatz: „Matteo Realdo Colombo's Sectionen und Vivisectionen" in Pflügers Archiv für die gesammte Physiologie, Band XXI (Separat-Abdruck, Bonn 1880) dargelegt. Der Verfasser, der sich durch werthvolle geschichtliche Untersuchungen über die Entdeckung des Kreislaufs ausgezeichnet, weist in seiner Schrift nach, daß der fanatische Mönch Colombo (ein Schüler Vesals), der Inquisitionsfreund und Ketzerfeind κατ' ἐξοχήν, ein begeisterter Verfechter der menschlichen Sektion und thierischen Vivi-

… sich von der in Rede befindlichen Ope=
ration fühlt nichts mehr von dem mit ihm vorge=
nommenen Verfahren, das lebendige Thier dagegen leidet da=
bei, und zwar erleidet es oftmals zweifellos heftigen, wenn
auch nicht weniger andauernden Schmerz, als zumeist geglaubt wird.
Wir fügen an dieser Stelle gleich hinzu, daß die Mehrzahl der
ehrlichen Gegner der Vivisektion sich noch einer andern Täu=
schung hingiebt, insoweit ihr Mitleid sie verführt, ihre eigene Em=
pfindung auch den Thieren unterzulegen. Sie stellen sich aufs
lebhafteste die Angst, das Entsetzen vor, welches sie selbst er=
fassen würde, wenn sie sich von derartigen Operationen bedroht,
dieselben an sich ausgeführt sähen. (Daß in Wirklichkeit die
Natur millionenfach mehr Menschen zum Erdulden weit schlim=
merer Leiden zwingt und daß die nämliche Natur im Herbste
alljährlich die große Mehrzahl der Thiere an der langsamsten,
qualvollsten aller Todesarten durch Verhungerung und Erstar=
rung zu Grunde gehen läßt, vergessen sie oder betrachten es als
ein unvermeidliches Uebel, das sie in ihrer Ueberzeugung von
der Weisheit und Güte der Vorsehung nicht weiter beeinträchtigt.)
Aber abgesehen davon, daß die Intensität der Schmerzempfin=
dung eine äußerst verschiedene ist und eine große Stufenleiter
darstellt — jeder Chirurg weiß, daß z. B. der Haidebauer in
der Mehrzahl der Fälle einen langdauernden schmerzhaften Ein=
griff, bei dem der seiner organisirte Stadtbewohner in Ohnmacht
fallen würde, mit stoischer Gelassenheit, d. h. nicht mit größerem
Heldenmuth, sondern mit geringerem Empfindungsvermögen seines
sensitiven Nervensystems erträgt - abgesehen von dieser Ab=
stumpfung des Gefühls mit der Verringerung der geistigen Ge=
hirnthätigkeit, bildet nicht der eigentliche Schmerz, sondern das

sektion war und die Darstellung seiner Versuche, die er vor Erzbischöfen
und Cardinälen ausführte, dem Papst Paul IV. (Carassa, 1555—1559)
als „dem Verfolger der Laster und Begünstiger der dem Menschengeschlecht
nützlichen guten Künste und Wissenschaften" widmete. Wir empfehlen die
Lectüre dieser interessanten Schrift des Herrn Tollin, zugleich als diejenige
einer rara avis unter unseren heutigen Pastoren, auf das Angelegentlichste.

Bewußtsein seines Ursprungs, seiner bevorstehenden Andauer, der unvermeidlichen Folgen, die er nach sich ziehen, mit denen er vielleicht zum Tode führen wird, den Hauptbeweggrund der Angst, des Entsetzens, des Mitleides, mit welchen Menschen derartige Leiden erdulden oder denen eines Mitmenschen beiwohnen. Von allem dem weiß das Thier nichts; es leidet unter dem momentanen Schmerz; ist dieser vorüber, so wird es nicht von düsteren Gedanken über die Situation, in die es versetzt worden, gemartert. Es sagt sich nicht, wie der daneben stehende, seine Gedanken und Empfindungen auf das Thier übertragende Mensch darüber grübelt, daß ihm etwa ein Theil seines Gehirns fehlt und ihm dadurch Sinnes- oder Bewegungsfähigkeiten entzogen worden, die es niemals wieder erlangen wird. Es wendet die ihm gebliebenen Befähigungen wie zuvor an, verzehrt mit Eifer seine Lieblingsnahrung wie zuvor, freut sich ersichtlich daran wie zuvor. Nur in seltenen Fällen gewährt es einen objektiv traurigen Anblick.

Es ist hier vielleicht die geeignete Stelle, einzuschalten, daß unser menschliches Mitgefühl mit den Thieren überhaupt vielfacher, unbewußter Beirrung unterliegt. Jedes Kind schon empfindet weit mehr Mitleid, wenn es einen Kanarienvogel, als wenn es einen Sperling von der Katze erbeutet sieht, obwohl die Todesangst und der Schmerz beider Vögel in den Krallen ihrer Feindin schwerlich erheblich von einander abweichen werden. Doch zwei Momente, die Größe eines Thieres und das Wohlgefallen, das wir an ihm finden, beeinflussen wesentlich unsere Vorstellung von etwaigen Leiden desselben. Ein Insekt, das, auf dem Rücken liegend, vergeblich sich umzuwenden ringt, um der Tödtung durch die glühenden Sonnenstrahlen zu entrinnen, wird von der Mehrzahl der Vorübergehenden kaum eines Blickes, geschweige der Beihilfe gewürdigt, während das hingestürzte, die mächtigen Gliedmaßen umsonst zum Aufrichten anspannende Pferd das allgemeine Mitgefühl wachruft. Nicht die objektive, wirkliche Nothlage des Thieres, sondern der Eindruck, den seine Größe oder seine Schönheit in uns erregt, bildet den Maßstab unseres Empfindens, dem sich äußerst Wenige entziehen. Ein

seinem häßlichen Fell, [...] sich nicht [...], genau dieselbe Organisation, wie [die statt]liche Ulmer Dogge oder das seidenhaarige Wachtelhünd=
chen (ein Lieblingsbelegthier der Antivivisektionisten für die un=
menschliche Barbarei der Physiologen), aber wenn der Schinder
jenen ersten „Köter" in der Schlinge einfängt, um ihn auf den
Wasenhof zu bringen, blicken alle Umstehenden durchaus gleich=
giltig darein, während sich bei der Einfangung eines schönen
Hundes sofort eine mitleidsvolle Volksmenge anhäuft, die durch
mannigfaltige Rettungsversuche, oft mit Gewalt, dem Diener
des Gesetzes sein Opfer zu entreißen strebt. Das ist sehr mensch=
lich, aber so weit es sich nicht auf den etwaigen Geldwerth des
Thieres bezieht, durchaus nicht logisch, denn was diesem
auf dem Hofe des Abdeckers bevorsteht, ist für die Empfin=
dung des häßlichen wie des hübschen Hundes vollkommen das
nämliche.

Im Vorübergehen sei bei diesem Anlaß noch bemerkt, daß fast
sämmtliche Hunde, welche zu den Zwecken der Physiologen be=
nutzt werden, aus solchen Zöglingen des Wasenhofes bestehen
und dort einem gewissen, nicht gerade sehr zartfühlig bewerk=
stelligten Tode entgegenharrten. Freilich wissen sie auch davon
nichts; da aber die Antivivisektionisten mit Vorliebe die Be=
hauptung aufstellen, daß jedes Thier, falls ihm die bewußte
Wahl freistände, tausendmal lieber den schrecklichsten sofortigen
Tod erleiden, als sich zum Objekt physiologischer Untersuchungen
bei weiterer Lebensdauer hergeben würde — und da jene Herren
zugleich besondere Liebhaber meistens haarsträubender Anekdoten
sind — wollen wir hier eine thatsächliche Entscheidung einflechten,
welche vor ungefähr zwei Jahrhunderten bei Freistellung jener
Wahl von Menschen getroffen worden. Es handelte sich um
zum Tode verurtheilte Verbrecher, denen die Alternative über=
lassen wurde, sofort hingerichtet zu werden oder sich eben als
Versuchsobjekte für besondere mit größter Lebensgefahr verbun=
dene chirurgische Operationen herzugeben, und die Befragten ent=
schieden sich einstimmig für das Letztere. Für die Heroen unter
den Antivivisektionisten haben sie damit allerdings vermuthlich [...]

nur den Beweis abgelegt, daß der todesfeige Mensch an Edelsinn und Hochherzigkeit unter dem Thiere stehe.

In allem dem, was wir bisher gesagt, liegt aber selbstverständlich nicht die Entscheidung über die Berechtigung oder Verwerflichkeit der Vivisektion. Es kann kein Zweifel darüber bestehen, daß es grausam ist und nicht nur der feineren, auch der gewöhnlichsten menschlichen Natur widerstrebt, Thieren absichtliche Leiden zuzufügen. Zwei Fragen allein sind es, von deren Beantwortung das Urtheil der Vernünftigen abhängt. Erstens: Besitzt der Mensch das Recht, zu seinem Vortheil über das Leben der Thiere zu verfügen? Zweitens: Wenn diese Frage bejaht wird, entspringt aus den durch die Vivisektion lebenden Thieren zugefügten Leiden ein so bedeutungsvoller Nutzen für eine große Anzahl erkrankter und schwer leidender Menschen, daß die scheinbare Grausamkeit der Physiologen sich in das Gegentheil, in Wohlthat verwandelt, zur Menschenpflicht wird, deren Verabsäumung einigen wenigen Thieren Schmerz ersparen würde, um zahllose Menschen dafür zu martern?

Die erste Frage ist eine philosophische. Ein Recht des Menschen, zu seinem Nutzen über das Wohlbefinden, die Freiheit, das Leben von Thieren zu verfügen, läßt sich nicht beweisen. Wer es bestreitet und sich als strenger Vegetarianer ernährt — dem wir dann allerdings das Recht auf den Genuß von Milch ebenfalls absprechen müssen, da durch sein Verlangen nach solcher die Kuh in einem unnatürlichen Zwangszustande erhalten wird — der steht uns von vornherein als ein Wesen höherer Gattung, als unantastbarer Besieger aller irdischen Unvollkommenheiten gegenüber. Vorausgesetzt nämlich, daß er auch keinen tollen Hund todtschlagen, sondern sich lieber von ihm beißen läßt, daß er gott- und thierergeben zusieht, wie sein Haus und er selbst von Ratten und Mäusen zerfressen wird, daß er sich über Mücken- und Wanzenstiche als über berechtigte Eigenthümlichkeiten des Erdendaseins freut und nicht mit seiner Köchin zankt, wenn sie ihm eingebrockte Schwaben im Kaffee servirt. Freilich wird er dann auch noch bei jedem Schritt auf dem Erdboden, bei jedem Trunk Wasser und jedem Athemzug Luft an heimlicher Gewis-

... er ....
thierische Existenzen damit zu vernich...
..... gegen diesen unausgesetzt von ihm ge...
...heitsmord bestände darin, daß er sich selbst um...
..... aber andererseits doch auch wieder eine Species des
...ülerei darstellte). Doch trotzdem wollen wir ihm das
......ste Zeugniß für Innehaltung seines idealen Standpunktes
ausstellen, wenn er denselben unbeirrbar sein Lebelang an
tollen Hunden, Ratten, Mäusen, Mücken, Wanzen und Schwaben
bethätigt — die alle von der Natur berechtigt und angewiesen
sind, ihn zu beißen, zu stechen oder sonst seine mehr und minder empfänglichen Sinne zu inkommodiren - und wissen der
Erhabenheit seiner Anschauung und Lebensführung kein Argu-
ment für unsere Auffassung entgegenzustellen.

Doch — wir hätten beinahe gesagt, zum Glück — ist die
Welt von dieser idealen Großartigkeit der Daseinsbetrachtung
nur in außerordentlich geringem Maße beseelt. Die weit über-
wiegende Mehrzahl der Menschheit hat sich stets einer realeren
Beurtheilung der Bedingungen ihres Lebens anbequemt — sie
ist darin nicht unwesentlich durch die Erkenntniß gefördert worden, daß die Natur die Existenz der Ueberzahl aller belebten
Wesen ausschließlich auf der Verzehrung ihrer schwächeren Mitgeschöpfe begründet hat   und selbst unter den unerbittlich
barmherzigsten Antivivisektionisten dürften sich nur äußerst wenige
finden, die ihren thierischen Eifer bis an die Grenze der Ent-
sagung von Beefsteak und Hasenbraten forterstrecken. Sie würden sich dadurch in einen zu argen und aussichtslosen Gegensatz
nicht nur mit der Menschheitsmajorität, sondern auch mit ihren
eigenen Bedürfnissen und Neigungen verstricken, und ihre abge-
schwächte Doktrin — suaviter in modo, sed fortiter in re —
spricht sich deßhalb dahin aus, daß die Nutzung und auch die
Tödtung der Thiere allerdings für den Bestand der Menschheit
unvermeidlich sei, die härteste Verdammung und Strafe aber
denjenigen treffen müsse, der zu seinem Vortheil ein lebendiges
Geschöpf nicht rasch umbringe, sondern ihm bei Forterhaltung
seiner Existenz Verstümmelung und Schmerz zufüge. Dieser

, die regste Sympathie bei allen mitempfin-
dern zu erwecken. Nur erscheint nicht ganz begreiflich,
warum er sich mit solcher Ausschließlichkeit und erbarmungs-
licher Zornmüthigkeit gegen die Physiologen und einige Hun-
dert von ihnen benutzte thierische Objekte richtet, während er im ganzen
Europa durch jedes Rittergut, jeden Pachthof, jedes Dorf, von
Haus zu Haus wandernd, täglich Hunderttausende von Beispielen
sammeln könnte, wo vermittelst einer blutigen und äußerst schmerzhaften Operation zum Vortheil der Besitzer Hengste zu Wallachen, Stiere zu Ochsen, Widder zu Hammeln verwandelt werden
und zugleich dadurch die Natur dieser Thiere eine so vollstän-
dige Umänderung erleidet, daß sie fortan nicht weniger als
Schattenbilder ihres früheren Wesens zu betrachten sind, wie
wenn sie durch Trepanation eines Theils ihrer Gehirnsubstanz
beraubt worden wären. Die zum Zweck ihrer Belehrung umher-
wandelnden Thierfreunde würden dann vielleicht auch zu der
überraschenden Einsicht gelangen, daß geschorene Schafe tagelang
vor Kälte zittern, daß bis zur Bewegungslosigkeit gemästete
Schweine und Kapaunen, bis zur Erstickung vollgestopfte Gänse
keinen erfreulich-naturgemäßen Anblick, sondern denjenigen un-
glücklicher, trauriger, gequälter Geschöpfe darbieten. Diese, vielen
Millionen von Thieren zugefügten Leiden entspringen aber ledig-
lich dem realen Zweck, ihr Fleisch für die Konsumenten schmack-
hafter, ihre Nutzkräfte für den Besitzer gefügiger und ausgiebiger
zu machen. Trotzdem vindizirt sich der Mensch in der ganzen
civilisirten Welt ein Recht auf dies Verfahren und wir haben
bisher nichts von Vereinigungen gehört, welche es sich zur ver-
dienstlichen Lebensaufgabe gemacht, der Herstellung von Wallachen,
Ochsen und Hammeln, sei es durch Broschüren mit grausigen
Abbildungen, sei es durch Steinwürfe des aufgehetzten Pöbels
entgegen zu wirken. Das ist eben die reale Welt, der Vortheil,
den auch der Einfältigste sogleich erkennt, über den auch der
Barmherzigste sich beruhigt, weil es so auf Erden zugehen muß
und der Zweck ohne die Verstümmelung und das Leiden der
Thiere nicht erreichbar wäre. In natürlicher und figürlicher

daß hier das Citat: „Ja, Bauer, das ist ganz was
Anderes!" Aber für den mit Vernunft Dreinblickenden stellt es
eben nur genau das nämliche dar, den Grundsatz, daß die
Menschheit sich das Recht beilegt, beilegen muß, zu ihrem Wohl=
ergehen über das Wohlbefinden, die Freiheit, das Leben der
Thiere zu verfügen.

Das wäre die Antwort auf unsere erste Frage, doch wieder=
um reicht sie noch nicht aus, die Entscheidung über Berechtigung
oder Verwerflichkeit der Vivisektion zu begründen. Diese Ent=
scheidung beruht vor Allem darauf, ob den, lebenden Thieren ver=
ursachten Leiden ein so bedeutungsvoller Gewinn für die Heilung
erkrankter, leidender Menschen gegenübersteht, daß die Menschheit
von dem Recht, das sie sich zuspricht, auch in dieser Richtung
Gebrauch zu machen befugt und gezwungen ist. Dabei jedoch
ist wohl zu beachten, daß es sich in diesem Falle nicht um
einen materiellen Vortheil handelt. Würde die Physiologie ihre
Vivisektionen zu dem Behufe anstellen, die Nutzkraft der Thiere
durch Forschung zu erhöhen, den Nahrungswerth und Wohl=
geschmack ihres Fleisches zu verbessern, so würden ihre Gegner
vielleicht einen achtungs= und förderungswerthen Zweck darin
entdecken, für solche Bereicherung der Menschheit jedoch schwerlich
ein Physiologe den Muth und die Ueberwindung besitzen, das
Messer zur Hand zu nehmen.

Denn zu dem, was er vollbringt, gehört ein Muth und
eine Ueberwindung, von der diejenigen, welche die Welt am
lautesten mit Geschrei über seine Barbarei erfüllen, am wenigsten
eine Ahnung besitzen mögen. Sie stellen ihn in Wort und Ab=
bildung der einfältig gläubigen Menge als Schlächter dar, der
umringt von stupiden, glotzenden Studentengesichtern mit aufge=
streiftem Hemdärmel ein Metzgermesser schwingt, um damit, wol=
lüstiges Behagen in jedem Zug, in den zuckenden, rauchenden
Eingeweiden eines lebendigen Thieres zu wühlen. Er weidet
seine Augen an der Marter desselben; die Grausamkeit selbst ist
ihm schon Zweck, daneben der Ehrgeiz, eine neue werthlose Ent=
deckung zu machen und mit aufgeblasener Ruhmredigkeit seinen
Kollegen und der Welt zu verkünden. Dann richtet nach Be=

endigung der Untersuchung und des Vortrages das treue,
lose Thier sich mit brechenden Augen auf und leckt noch
blutstarrende Hand seines bestialischen Peinigers. Er aber,
herzloser Wütherich, wie die Erde ihn bis vor Kurzem nicht ge-
kannt, packt hohnlachend das aufjammernde, um Erbarmen fle-
hende Geschöpf, schleudert es in seinen Kerker zurück und wirft
ihm Futter nach, um es für neue Martern zu erhalten. — So
hetzen die Antivivisektionisten den Pöbel; wer sich die Ueberzeugung verschaffen will, daß in dieser Schilderung kein Wort über-
trieben, sondern daß dieselbe matt hinter der Wirklichkeit zurückbleibt,
der lese: „Die Folterkammern der Wissenschaft, eine
Sammlung von Thatsachen für das Laienpublikum von Ernst
von Weber, Ritter hoher Orden, Inhaber der k. k. österreichischen
Medaille für Kunst und Wissenschaft, Mitglied des Direktoriums
des Dresdener Thierschutzvereins, korrespondirendes Mitglied der
Londoner Gesellschaft zum Schutze der der Vivisektion unter-
worfenen Thiere, Inhaber der Ehrenmedaille 1. Klasse der kgl.
Thierschutzgesellschaft zu Florenz." (Wir führen sämmtliche hohen
Auszeichnungen, Würden und Ehrenstellungen, wie der Verfasser
sie selbst mittheilt, aus später zu ersehenden Gründen an.)
„Fünfte sehr vermehrte Stereotyp=Auflage." — Der Titelholz-
schnitt auf dem rosenrothen (weshalb nicht blutfarbigen?) Heft-
umschlag stellt „einen lebendigen Hund während der Vivisektion"
dar, die Schlachtmesser liegen neben dem Physiologen, eines
schwingt er in der Hand, und zwei Studenten, der Eine mit
dem Zwicker auf der Nase, blicken wissenschaftlich=höhnisch auf
das reglos gefesselte Thier hinunter, an dessen Brust und Kopf
eine Nervenverzweigung blosgelegt erscheint. — Wir haben einmal dieses verlogenen, bösartig=albernen Machwerks zur Auf-
hetzung des Pöbels, das in Deutschland den Katechismus der
Antivivisektionisten mit Fragen und Antworten zu vertreten
scheint, Erwähnung gethan und überlassen es der Neigung des
Lesers, sich selbst weitere Belehrung daraus zu schöpfen. Verlegt ist es in der „Buchhandlung für Landwirthschaft, Garten-
bau und Forstwesen von Hugo Voigt, Berlin und Leipzig
1879", kostet 60 Pf. und verringert seinen Preis partienweise

so sehr, daß 1000 Exemplare für Liebhaber um 300 Mark zu haben sind. — Wir schreiben hier selbstbegreiflich nicht für solche Leute, welche sich von derartigen marktschreierischen Mordgeschichtenbüchern mit beigefügten Abschilbereien der haarsträubenden Begebenheit kaptiviren lassen. Der erste Blick darauf zeigt, daß sie vom Verfasser — oder von den Autoren — für den gewöhnlichen und geistigen Pöbel — oder für diejenigen, deren das Himmelreich ohne jede Einschränkung ist — berechnet worden und der Erfolg, auf welchen d i e s e Seite der Agitation zählt, hat sich bereits aufs Rühmlichste zu Leipzig in der Erstürmung und Demolirung des dortigen physiologischen Instituts durch eine tobende Volksemeute ausgesprochen. Was wir an dieser Stelle zu bemerken haben, beschränkt sich darauf, an denkende Menschen die Frage zu richten, ob sie es für w a h r s c h e i n l i c h erachten, daß die Professoren der Physiologie — Männer, welche ausnahmslos auf der Höhe der Allgemeinbildung unserer Zeit stehen, welche sich von Jugend auf einem humanistischen Studiengang hingegeben, welche dann als Lebensberuf den Zweck verfolgen, die Leiden ihrer Mitmenschen verringern zu helfen, welche endlich besser als jeder Andere, den Ursprung und die Erzeugung schmerzhafter Nervenempfindungen zu beurtheilen wissen — daß diese Männer bei den von ihnen als erforderlich betrachteten Eingriffen in den Körper eines lebenden Thieres freudiges Behagen fühlen und unnöthige Grausamkeit ausüben sollten? Der Gedanke ist an sich ein so absurder, daß jede Widerlegung desselben zugleich unwürdig und lächerlich erscheint. Wir fügen deshalb nicht zur Bestreitung solcher irrsinnigen oder böswilligen Behauptung, sondern nur als einfach thatsächlich hinzu, daß wir aus dem Munde einer beträchtlichen Anzahl von Physiologen übereinstimmend die Erklärung vernommen, jegliche Vivisektion greife sie selbst aufs Aeußerste an, erschüttere sie oftmals so, daß es des Aufgebotes ihrer ganzen Willenskraft bedürfe, um sie bis zur Erreichung des Zweckes durchzuführen, und bilde unfraglich die schwerste Aufgabe, welche die moderne Wissenschaft ihnen als Menschen auferlege. Einen öffentlichen Beweis für ihre Empfindungen zu liefern, liegt allerdings sowohl außer-

— damit gelangen wir zur Haupt-
... können sie sich verpflichtet fühlen und vermögen,
nicht Sachverständigen überall einen Beweis für die Nothwendigkeit von Vivisektionen zur Aufhellung, Beantwortung
folgenreich bedeutungsvoller physiologischer Fragen darzulegen.
Ihre Wissenschaft ist so sehr eine esoterische, ist genöthigt, ihre
Schlußfolgerungen aus einer derartigen Fülle und Verknüpfung
feinster, sorglichster Beobachtungen zu ziehen, beruht auf einer
solchen Massenanhäufung von Hülfsvorkenntnissen verschiedenster
Art, daß es dem Urtheil des Laien häufig absolut unmöglich
wird, sich mit dem eifrigsten Willen eine Vorstellung von der
weitreichenden Bedeutung eines ihm äußerst geringfügig erschei-
nenden physiologischen Ergebnisses zu gestalten. In zahlreichen
Fällen allerdings bedarf es auch für ihn nur des Aufschlagens
eines pathologischen Handbuches, um auf den ersten Blick zu
erkennen, daß die praktische Heilswissenschaft fast so ausschließlich auf den Erforschungen der Physiologie beruht, wie der Ober-
bau eines Hauses auf seinem in der Erde sich verbergenden
Fundamente. Dem Denkenden oder denken Könnenden
und Wollenden aber kann, auch ohne daß er im Stande ist,
das Einzelne richtig aufzufassen, kein Zweifel darüber bestehen,
daß die Funktionen des Lebens nur an einem lebenden Wesen
beobachtet werden können, und daß der Physiolog, da er in den
Körper desselben nicht hinein zu blicken vermag, genöthigt ist,
ihn zu öffnen, und wiederum, da sich Menschen zu solchen Untersuchungen nicht hergeben, Thiere dafür zu benutzen, deren
Organe den nämlichen Lebensbedingungen unterliegen, wie die
der Menschen. Es ist dabei noch zu bemerken, daß es schon in
dem eigensten, nicht allein menschlichen, sondern ebenso sehr im
wissenschaftlichen Interesse des Experimentirenden liegt, seine
Untersuchung mit der höchstmöglichen Schonung seines Objektes
anzustellen, weil oftmals jeder demselben unnöthig verursachte
Schmerz, jede peinliche Aufregung des Thieres eine Beeinträch-

tigung der Beobachtung, eine Fehlerquelle in ihrem Resultat erzeugen könnte.

So stehen wir zum Schluß dieses Theils unserer Erörterung einfach der Frage nach der Größe des Nutzens der Vivisektion für die Menschheit gegenüber. Ist derselbe ein so beträchtlicher für die Mit= und Nachwelt, für die Fortentwicklung der physio= logischen Wissenschaft und der praktischen Heilkunde, daß es in der großen Nothlage des Erdenlebens als völlig verschwindend dagegen erscheint, wenn eine geringfügige Anzahl von Thieren jenen Gewinn mit Leiden bezahlen muß? Hat die Arzneiwissen= schaft in weiterem Umfange deshalb nicht nur das Recht, son= dern die Pflicht, durch Vivisektionen an Thieren mehr und mehr zur Verringerung von menschlichen Leiden beizutragen, die Hülfe, welche diesen geleistet zu werden vermag, von Geschlecht zu Ge= schlecht zu erweitern, zu vervollkommnen?

Die letztere Frage kann jeder, die erstere mit **vollster Er= kenntniß** nur die Physiologie selbst beantworten. Sie er= widert auf beide einstimmig mit Ja, — erklärt, daß die Kennt= nisse der medicinischen Wissenschaft vom Blutkreislauf, von den Funktionen des Nervensystems, von der Verdauung und vom Stoffwechsel, von der Wundheilung, von der Wirkung der Arz= neien und ebenso die Erforschung des Wesens der Cholera, des Typhus, der Diphtheritis und anderer schwerer Infektionskrank= heiten zum größten Theil auf Thierversuchen beruhen — u n d w e r s i c h v e r m i ß t, d i e s e m i h r e m u n b e i r r b a r e n V e r d i k t ü b e r d i e B e d e u t u n g, d e n N u t z e n, d i e N o t h w e n d i g= k e i t d e r V i v i s e k t i o n f ü r e i n e B e s s e r u n g d e r l e i b= l i c h e n u n d g e i s t i g e n Z u s t ä n d e d e r M e n s c h h e i t m i t l a i e n h a f t e m D ü n k e l o d e r v e r l e u m d e r i s c h e n A n= s c h u l d i g u n g e n e n t g e g e n z u t r e t e n, i s t e n t w e d e r e i n H e u c h l e r o d e r e i n N a r r.

So weit haben wir die Sache der Physiologie behandelt, es bleibt uns übrig, die Sachwalter der gegen sie inscenirten Agitation näher in Betrachtung zu ziehen. Möglicherweise, wenn wir ruhig die Coulissen=Schieber etwas bei Seite drücken, und die Bühneneinrichtung mit aufmerksamen Augen von der

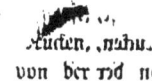

lernlaſten zugleich hinein hören und ſehen — und wird uns das aufgeſpielte Spektakelſtück dann etwas verſtändlicher und wir in den Stand geſetzt, dem „ſchaffenden Geiſt", welchem daſſelbe entſprungen, etwas näher in ſeine Werkſtatt einzudringen. Bisher beſaß die Angelegenheit vorwiegend, ja durchaus ernſthaftes Geſicht; wenn ſie jetzt theilweiſe eine andere Phyſiognomie annimmt, ſo liegt dies weniger darin, daß wir „des trockenen Tones ſatt" ſind, als in der eigenen Natur des kaleidoſkopiſch buntſcheckigen Conglomerats, welches wir den Augen des Leſers vorüber zu führen haben. Freilich bleibt auch hier der Ernſt immer als Untergrund, die betrübende und beſchämende Wahrnehmung, „mit welchem Geſindel", nach dem zutreffenden Wort Friedrichs des Großen, die Vernunft ſich, unſerer „ſo herrlich weit gediehenen" Zeit zum Trotz, noch immer auf Erden „herumſchlagen muß". Beantworten wir, ſchrittweiſe vorgehend, die ſich zuvörderſt aufdrängende Frage nach dem Urſprung, der genesis des gegen die Viviſektion erhobenen Aufruhrs. Bemerken wir indeß zuvor auch, daß wir keine Jünger Talleyrands ſind, ſondern den Beſitz der Sprache als das Mittel für den Menſchen erachten, ſeinen Gedanken und ſeinem Wiſſen unverhüllten Ausdruck zu geben.

Die intellektuelle Urheberſchaft der Agitation iſt das Verdienſt der hohen — vielleicht ſagen wir beſſer, der höchſten — engliſchen Ariſtokratie und Geiſtlichkeit. Die letztere hat ſich bereits ſeit geraumer Zeit durch ähnliche Wirkſamkeit ein unvergängliches Renommé erworben. Von dem bibliſchen Fundament ausgehend: „Ich bin der Herr, Dein Arzt!" verwarf ſie die Einimpfung von Kuhpocken, weil nach der ihr zu Theil gewordenen Offenbarung bei dem Menſchen dadurch eine körperliche und geiſtige Aehnlichkeit mit dem Rindvieh erzeugt werde. Sie verkündete jedoch auch den neuen Glaubensſatz: „Ich bin der Herr, Dein Gärtner" und erhob vor einigen Jahrzehnten die Ruthe ihres Zornes gegen die zur Erzeugung von Baſtardformen hergeſtellte künſtliche Blumenbefruchtung, da dies die Geſchöpfe Gottes durch Eingriffe der Willkür vermehren heiße. Sie selbst scheinen sich allerdings mit Erfolg an die natürliche Vermehrungsweise gehalten zu haben, und da bis jetzt kein Beispiel körperlicher Aehnlichkeit mit dem Rindvieh aus ihren Reihen ruchbar geworden ist, läßt sich der Schluß daraus ziehen, daß sie auch ungeimpft geblieben sind. Leider hat die Gottlosigkeit der englischen Regierung jedoch der teuflischen Versuchung zum irdischen Vortheil ihrer Staatsbürger nicht widerstehen können, sie hat die Anwendung der Jenner'schen Erfindung auf die kleinen Angelsachsen, Schotten und Irländer zum Gebot erhoben und muß dadurch allerdings in logischer Konsequenz den lieben Gott um den jährlichen, ihm besonders wohlthuenden Anblick von einigen hunderttausend Blatternarben-Gesichtern gebracht haben. Trotzdem hat derselbe bis heut die alte Langmuth bewährt und, obwohl es ihm muthmaßlich ein ebenso Leichtes gewesen wäre, die Mißächter der „schwarzen Pocken" vermittelst einer anderen Krankheit gründlich auszurotten, als dem fortgesetzten Blumenbefruchtungs-Frevel der Gärtner und Landleute sein ruchloses Handwerk zu legen, hat er das Klima Englands in Nichts verändert und verschlechtert, sondern läßt dort noch immer in gleicher Weise über Gerechten und Ungerechten, über natürlich und künstlich erzeugten Blumen wenig Sonne scheinen und viel Regen fallen; was den Menschen im Speziellen oft nicht sehr angenehm, im Allgemeinen jedoch ihnen sowohl als den Pflanzen am zuträglichsten ist. Da nun die hochschätzbare Geistlichkeit sich nach diesen beiden Richtungen in den Anschauungen Gottes etwas getäuscht zu haben scheint — wahrscheinlich steckte die alte List des Bösen dabei im Spiel, um seine furchtbaren Gegner in den Augen der profanen Vernunft lächerlich zu machen, — so kam ihr selbstverständlich das Thema der Vivisektion außerordentlich erwünscht, weil bei der Verfluchung derselben kein nachträglich sich bedauerlich herausstellender Irrthum unterlaufen kann. Dieser Kampf ist direkt gegen ihre intimsten Feinde, die Erforscher der leiblichen und geistigen Lebensbedingungen der Menschheit — „Natur und Geist, so spricht man nicht zu Christen" — also gegen die offenbarsten Widersacher des biblischen Hortes gerichtet;

ihre Besiegung führt zu einer unzweifelhaften glänzenden Rehabilitation der etwas an die scharfe Pensionirungsecke gerathenen Strategen im Himmel und auf Erden, und aus allen orthodoxen Heerlagern des Kontinentes schallt dem Feldgeschrei des englischen Prälatenthums ein brüderlich-begeistertes „Hie Schwert des Herrn und Gideon!" entgegen.

Wir hätten aus Versehen fast ein Bild der Jagd an Stelle des gottgefälligen Religionskrieges entlehnt und statt „dem Feldgeschrei" — „dem Hallali!" geschrieben. Zu dieser etwas hallucinationsartigen Sinnesbeirrung wollte uns der vorausschweifende Gedanke an die oben erwähnte Bundesgenossenschaft der ehrwürdigen Geistlichkeit Englands verführen. Bekanntlich ist die hohe — höchste — englische Aristokratie mit der letzteren, als ein Muster der Frömmigkeit und tadellosen Lebenswandels, auf's Engste verbunden. Sie rottet, wo sie es irgend kann, im Kaffernlande, in Ostindien, in der Südsee die Heiden aus, welche dort noch zum Hohne des christlichen Gottes den Erdball verunzieren; zu Hause dagegen erfreut sie sich in kindlich-rührender Herzenslust und Dankbarkeit gegen Gott an den Geschöpfen desselben, besonders an der von Lastern ungeschwächten, göttergleichen Muskelkraft ihrer Landsleute, an der ausdauernden Stärke, Schönheit und Gewandheit des Pferdes, an dem farbenprächtigen Goldgefieder des Hahnes, an Allem, was die Natur lebensfreudig draußen in Feld und Wald darbietet. Und so hatte die hohe Gesellschaft sich eines Tages wieder einmal kindlich an einem Boxkampf belustigt, bei dem der Sieger dankend den Championgürtel aus den Händen ihrer zartfühlenden Frauen und Töchter entgegennahm, während der ruhmlos Unterlegene auf einer Bahre in's Hospital fortgetragen wurde — sie hatte ein halbes Dutzend Rennpferde stürzen und verenden, einige Hähne sich gegenseitig zerfleischen sehen und in Folge dessen den Besitz von einigen hunderttausend Pfunden Sterling ausgetauscht — sie hatte, um sich nach dieser ernsthaften Anstrengung eine Erholung zu gönnen, die andere Hälfte des Tages dazu benutzt, in rothen Röcken einen Fuchs fünf oder sechs Stunden durch Dorn und Stein, Sumpf und Wasser zu hetzen — da, als dieser zuletzt röchelnd am Boden lag, sie ihn von den Hunden zerreißen ließ und die anwesenden Damen holb lächelnd ihre Ehrenzeichen an die ruhmbedecktesten Helden des Tages austheilten, gerieth die hohe englische Aristokratie auf den herzerquickenden Gedanken, wie ungemein wünschenswerth, menschenwürdig und gottgefällig es doch sei, wider die Vivisektionen der Physiologen aufzutreten und ihre Stimme gegen eine Marterung armer, unschuldiger Thiere zu erheben, die keinem Menschen Vergnügen bereite, sondern höchstens dazu diene, das Leben des gemeinen Volkes zu verbessern und dieses in dem sträflichen Irrwahn zu bestärken, sein Organismus, sein Blut und Gehirn sei ganz von der nämlichen Beschaffenheit wie das der Lords, Viscounts und Baronets. Und unter freudiger Beihülfe der bestallten Vormünder der Menschheit gegen die Irrlehren der Naturwissenschaft dieser christlichen Eingebung folgend, bildeten die edelsinnigen Vertreter der Thierrechte einen Barmherzigkeitsverein, der es sich zur Aufgabe stellte, sowohl in England wie auf dem Kontinent die Brutalität der Physiologen ebenso nachdrücklich wie die Zulukaffern auszurotten. Leider freilich erzielte bei der in den unteren Schichten der englischen Bevölkerung herrschenden Gottlosigkeit eine an das Parlament gerichtete Petition nicht vollkommen den beabsichtigten Zweck eines staatlichen Verbotes der Vivisektionen — überhaupt glückte es, der begeistertsten Kanzel und Salonbemühung zum Trotz, der Agitation in England nicht recht, die platt gemeine Vernunft der Menge von ihrem niedrigen Standpunkte zu überzeugen — mit ausgiebigem Erfolg dagegen ward der gereifte Samen nach Deutschland übertragen und hier zunächst in pastoralen Gärtlein zu hoffnungsvollen Keimblättchen herangezeitigt. Gleichzeitig aber bemächtigten sich in Folge körperlicher wie geistiger Verwandtschaft in deutschen Landen, besonders im Königreich Sachsen, ebenfalls sogenannte hohe Kreise mit psychischem Enthusiasmus und materieller Unterstützung der hübsch kouvertirten und standesnützlichen Angelegenheit. Mit großer Schnelligkeit wurde auch bei uns ein Antivivisektions-Heerlager organisirt — die Weltgeschichte verzeichnete wieder einmal eines der Beispiele, daß zu Zeiten, bei gewissen Anlässen ein Theil des sogenannten ersten Standes sich am Leichtesten und Verwandtschaftlichsten mit den Sympathien des vierten begegnet — und Herr Ernst von Weber, der Ritter hoher Orden und Mitglied des Direktoriums des Dresdener Thierschutzvereins, der nach seinen Mittheilungen sich bereits „volle drei Jahre lang in Südafrika auf den kräftigenden Sport des Diamantengrabens verlegt gehabt" und „so glücklich gewesen war, in Nordamerika die rothhäutigen Kriegshelden des Siouxstammes zu sehen," ward als Spartakus des zusammengebrachten Heeres bestellt. Es wäre ungerecht von uns, der Bescheidenheit des Herrn Ernst von Weber bei Aufzählung seiner Titel und Würden zu folgen und die Mittheilung zu unterlassen, daß auch der Thierschutzverein in Dänemark ihn zu seinem Ehrenmitgliede ernannt hat und daß der dänische Uebersetzer seiner „Folterkammern der Wissenschaft" ihn dem Publikum als „einen angesehenen Mann der Wissenschaft in Dresden" empfiehlt. Vermuthlich hat er sich als solcher in Südafrika bei den Goldgräbern und in Nordamerika bei den Sioux dokumentirt, und es ist wieder nur seiner Bescheidenheit zuzuschreiben, daß er seine wissenschaftlichen Verdienste und die Gebiete, auf denen er sie zu Tage geförbert, bis jetzt im Osten und Westen Europa's andeutungslos verborgen gehalten hat.

Das ist die Hefe, welche die Gährung erzeugt. Wir gelangen nun zu einer nicht ganz leichten und ziemlich weitverzweigten Aufgabe, wenn wir eine allgemeine Darstellung des Teiges unternehmen wollen, zu dessen Durchsäuerung jene Hefe bereitet worden.

Zuvörderst wendet die Agitation sich an alle „guten Menschen und schlechten Musikanten", deren Zahl gottlob in der ganzen Welt recht umfangreich ist. Es sind das vielfach höchst vortreffliche Leute, die sich aus sehr verschiedenen Kategorien zusammensetzen, aber alle in dem lobenswerthen Gemüthszug einigen, daß sie ihre Kinder anhalten, keine Thiere unnützer Weise zu quälen. Haben sie, wie das hauptsächlich bei einem großen Kontingent des weiblichen Bestandtheiles zutrifft, keine

Kinder; so pflegt ihre Zärtlichkeit gegen Vierfüßler, besonders Hunde und Katzen, ohne Ansehung des Geschlechtes, im ungelehrten Verhältniß zu dem Wohlwollen für ihre zweibeinigen Mitgeschöpfe quadratisch mit den Jahren anzuwachsen. Sie empfinden einen ihrem Kater applizirten Fußtritt herzzerreißender, als wenn Elsaß-Lothringen durch eine Kriegslotterie wieder an Frankreich ausgespielt würde, und ein Seufzerlaut „Bello's" der sich durch zu reichlichen Schinkenfettgenuß eine Indigestion zugezogen hat, läßt sie bis zur nächsten Sonntagspredigt an der allwaltenden Hand der Vorsehung zweifeln. Sie bilden fraglos Hauptsäulen — zumeist körperlich recht ansehnliche — des christlichen Mitleids auf Erden, und wir setzen keine Zweifel darein, daß Herr Ernst von Weber über ein gewaltiges Amazonenkorps von ihnen, mit oder ohne das althergebrachte Kriterium derselben, kommandirt. Vier Auflagen seiner „Folterkammern der Wissenschaft" befinden sich wahrscheinlich in den weich ausgepolsterten Händen jenes Elite-Kontingents (wenn sie nicht zwischen den herzigen Zähnchen und den spaßigen Pfötchen „Bello's" verschwunden sind) und jede Inhaberin jener 60-Pfennig-Schrift wird bei der Lektüre und dem Anblick der Holzschnitte derselben händeringend mit erhebender Einmüthigkeit ausrufen: „Und solche Tiger von Menschen giebt es wirklich? Und das duldet die Polizei, der König, die Herren Pastoren und alle guten Menschen? O Gott, lieber Herr von Weber — komm, Bellochen, hierher auf meinen Schooß, da sollen ihre blutigen Henkershände Dich nicht wegreißen, so lange ich noch athme, mein Herzblatt — o lieber Herr von Weber, was für ein guter, edler, herrlicher Mensch sind Sie doch, aber o Gott, in welch' einer schrecklichen Welt leben wir!"

Nicht alle, die sich solchen schmerzlichen Betrachtungen sans phrase hingeben, gehören dem Amazonenkorps an, ein nicht geringer Theil misogyn oder nicht trägt auch die ehrenvollen Gewandabzeichen des mannlichen Geschlechtes und unterscheidet sich sonst noch von jenen dadurch, daß er seinen vierbeinigen Hausgefährten „Phylax" anredet und sobald er an einem neuen Bekannten Wohlgefallen findet, ihm vertraulich

mitgetheilt, solch ein Thier, sei dickerer, gewissen
falschloser als jeder Mensch. Wenn er obendrein thier
bewandert ist, fügt er hinzu: „Schopenhauer hat das ja
bereits gesagt und nannte seinen Hund, wenn er ihn strafen
wollte: Du Mensch!" Und der Hörer hütet sich wohl vor
der erschreckenden Blöße, die Unumstößlichkeit des großartigen,
zweiwörterigen Verdikts des misanthropischen Frankfurter Philosophen anzuzweifeln, der die Gedankenrichtung unserer Zeit
beherrscht.

Unter den „guten Menschen und schlechten Musikanten"
giebt es noch viele andere, nicht minder achtbare Gattungen.
Aus allen Ständen und Berufszweigen liefert sie die landläufige
„Gutmüthigkeit", die von Jugend auf eine verhärtete Abneigung
dagegen besitzt, sich das angenehme Dasein durch lästige logische
Gedankenoperationen behelligen zu lassen. Und wieder Andere
— der Maler, der mit dem Pinsel vor der Staffelei steht, der
viel in Anspruch genommene Geschäftsmann, der Zeitungsleser,
der irgendwo eine turkomanische Befestigung erstürmt oder
Börsenkourse berechnet — sie blicken von ihrer Leinwand, ihrem
Schreibpult, ihrer Addition und Subtraktion auf und alle sagen
entrüstet: „O pfui! das ist ja abscheulich! Thiere so zu quälen,
die Einem nichts zu Leide gethan haben und keinen Schaden
zufügen! Gewiß, lieber Herr von Weber, Sie haben ganz Recht
— und obendrein noch ganz unnützer Weise, sagen Sie? Es
ist wirklich unmenschlich — entschuldigen Sie, daß ich augenblicklich gerade sehr wichtig beschäftigt bin — gewiß, tragen Sie
mich mit in die Liste derjenigen ein, die solche öffentliche Mißstände rügen und Beseitigung derselben verlangen. Ich hörte
erst neulich noch von einem Bekannten, daß ein renommirter Arzt
gesagt, die ganze Physiologie sei völlig überflüssig. Oder war
es Physik, ich erinnere mich nicht genau mehr. Jedenfalls,
lieber Herr von Weber, haben Sie durchaus Recht, es ist ganz
meine Meinung."

Sämmtliche von uns auf letzter Seite erwähnten Arten
gutgläubiger Verehrer der Wirksamkeit des Herrn Ernst von
Weber bilden jedoch nur die gelegentlich einzuberufende Land

wehr im Lager der Antivivisektionisten. Die festen Cadres des eigentlichen stehenden Heeres beruhen überall auf jenen organisirten, zum Theil mit staatlichen Befugnissen versehenen Körperschaften, die jede größere Stadt in unseren Tagen unter dem Namen der Thierschutzvereine kennt, würdigt und selbst besitzt.

Leuten, wie Herrn von Weber, gegenüber ist es geboten, sofort jede verleumderische Unterstellung zu verhindern. Wir sprechen deshalb zuvörderst aus, daß wir durchaus zu den **Anhängern der Thierschutzvereine zählen, ihre weitere Ausbreitung wünschen und nach Kräften mit fördern, ihre segensreiche Wirksamkeit und Nothwendigkeit grade in dem Maße anerkennen, wie wir ruchlose Thierquälerei frivol-gedankenloser oder gewinnsüchtiger Art verabscheuen.** Zweifellos erwirbt die Thätigkeit der Thierschutzvereine sich bei richtiger Auffassung und Durchführung ihrer Aufgabe ein doppeltes Verdienst, nicht allein um die Thiere, sondern mehr noch um die Menschen, zu deren sittlicher Veredlung sie beiträgt. Wir können uns nicht sympathisch genug über das selbstlose Bestreben von Leuten aussprechen, die wahrhaft menschlichen Beruf darin gewahren, einen großen Theil ihres Denkens, ihrer Zeit, ihres materiellen Besitzes zum Schutze und zur Verbesserung der Lebenslage unserer vielfach von Willkür, Rohheit und Habgier grausam gepeinigten Mitgeschöpfe zu verwerthen.

Aber ebensowenig finden wir die vollentsprechenden Worte, um die leere Phraseologie der Unwissenheit, Eitelkeit und aufgeblasenen Arroganz zu bezeichnen, wenn einzelne Mitglieder von Thierschutzvereinen, wie es leider nicht allzu selten geschieht, sich anmaßen, Dinge vor ihr Forum zu ziehen und abzuurtheilen, die ihrer Kompetenz schon deshalb nicht unterstehen können, weil den sich selbst installirenden Richtern jegliche Kenntniß derselben gebricht. Es ist in solchem Falle durchaus gleichgültig, ob eine durchlauchtigte Protektorpersönlichkeit der hohen Aristokratie, ein gründlichster Kenner aller tiefsinnigen Kirchenväterweisheit, ein in Rechtsfragen unbeirrbarer und durch nichts in der Welt bestechlicher Kreisgerichtsrath oder ein ehrsamer Handwerksmeister, der sich in seinen Stunden auch zur Belehrung der irrenden Menschheit verpflichtet hält. Ein alter Spruch besagt zwar, es sei nicht das Gleiche, wenn zwei das Nämliche thun, allein hier ist es ganz genau dasselbe, denn sobald Leute über Dinge urtheilen, von denen sie nicht das geringste Verständniß haben, so thun sie alle Mal das Gleiche, sie faseln, ob mit mehr oder minder oratorischer Grazie, kommt dabei nicht in Betracht. Und eine solche Faselei in größtem Maßstabe hat die Majorität des vorigjährigen „Kongresses deutscher Thierschutzvereine in Gotha" betrieben, wo ein Herr Willibald Wulff aus Schleswig mit der götterähnlich gelassenen Ruhe der Ignoranz ausgesprochen hat: „Auf die Frage: „Sind Vivisektionen im Interesse der leidenden Menschheit erforderlich?" müsse er entschieden mit „Nein" antworten. — Es wirft fast ein noch bedenklicheres Licht auf diejenige der Mehrzahl seiner Kommilitonen, daß der Kongreß nach mannigfacher Debatte seinen endgiltigen Beschluß dahin formulirte:

„1. Die Vivisektionen sind auf das möglichst geringste Maß zu beschränken;

„2. Da ein todtes Material für den Zweck ausreicht, darf in keinem Fall der Versuch an lebenden Thieren gemacht werden. Sofort nach dem Erwachen des Thieres aus der Betäubung ist dasselbe zu tödten. Die Ausführung der Vivisektion darf nur unter staatlicher Kontrole geschehen."

Sic volo, sic jubeo, stat pro ratione voluntas! Wer die Logik der beiden Paragraphen versteht, verfügt über höhere geistige Kräfte als wir. Sehr bedauerlich bleibt allein, daß die Beschlußfassenden sich nicht näher über den Modus der „staatlichen Kontrole" ausgedrückt haben, ob ein Polizist oder ein Mitglied des jeweilig ortsüblichen Thierschutzvereins am Rand des Sektionstisches Posto fassen und im geeigneten Moment ausrufen soll: „Halt, Herr Professor! Ich habe jetzt genug gesehen, die Wissenschaft ist befriedigt. Im Namen des Staates ordne ich die sofortige Tödtung des Objektes an! Nehmen Sie

… — … wenn Sie wollen, aber dieses wird nicht mehr gequält!"

Von allen Feinden der Vivisektion auf dem Kongreß stellt sich ein Herr Schwaab-Kassel durch seinen Ausspruch in das günstigste Licht. Er erklärte sich als ein entschiedener Gegner, weil er das sittliche Prinzip höher stellen müsse, als die Wissenschaft. Danach scheint er eine Ahnung zu haben, was die Wissenschaft ist und bezweckt, und das ist auf dem Gothaer Kongreß viel, in Anbetracht, daß er selbst als Arzt an demselben theilgenommen, aber fast ein Unglaubliches.

Denn wir gelangen damit zu dem schwierigsten Kapitel unserer Charakterisirung der bunten Genossenschaft, aus der sich die Liga der Antivivisektionisten zusammengesetzt, von den organisirten Cadres zu den Feldwebeln der großen Armee. Vor allem nämlich stützen jene sich auf Zeugniß-Aussagen von Naturwissenschaftlern selbst, zum Theil von Physiologen, zum größten Theil von praktischen Aerzten, über die Nutz- und Zwecklosigkeit der Vivisektionen für die Förderung der Wissenschaft.

Die erstere Hälfte dieser Behauptung ist mit äußerst kurzen Worten abgethan, da sie kaum hie und da auf einem wohlgemeinten Mißverständniß, sondern fast ausschließlich auf der idealsten jesuitischen Verlogenheit des mittelheiligenden Zweckes beruht. Die angeführten Zeugnisse von Sir Charles Bell, Darwin, Rokitansky sind einfach gefälscht. Niemals hat ein wirklicher Physiologe die Vivisektion als nutzlos und unnöthig für seine Wissenschaft erklärt, denn er hätte damit gerade so gut aufgehört Physiolog zu sein, wie der Katholik seine kirchliche Zugehörigkeit verliert, wenn er seinen Unglauben an die Lehren der Kirche ausspricht. Sir Charles Bell ist eben derjenige, der in unserem Jahrhundert die Vivisektionen zuerst wieder eingeführt und auf ihrer Grundlage durch eine große Anzahl von Versuchen die neuere Nervenphysiologie aufgebaut hat; der Unsinn liegt also auf der Hand. Gelegentlich hat er sich auch einmal geäußert, daß Experimente an lebenden Thieren mit großer Vorsicht zu unternehmen seien, da sie sonst zu Irrthümern, statt zur Erkenntniß der Wahrheit führen könnten;

...........schaft. ....
..........logischer Anatom und besaß einen **persönlichen**
.......en, bei Vivisektionen selbstthätig zu sein. Wie nach............
er, aber von der Nothwendigkeit ihrer Ausführung durch
Andere überzeugt war, geht mit ziemlicher Deutlichkeit daraus
hervor, daß seinem Antrieb die Errichtung eines besonderen
Lehrstuhls und besonderen Laboratoriums für experimentelle
Pathologie an der Wiener Universität zu verdanken ist, „mit
dem besonderen Endzweck, durch die Hülfe von Vivisektionen die
Krankheiten zu erforschen, indem die pathologisch-anatomischen
Veränderungen ihrer Einwirkungen an lebenden Thieren hervor-
gebracht würden." Die dritte Autorität der Antivivisektionisten
befindet sich noch unter den Lebenden, kann sich deshalb selbst
gegen Verlogenheit vertheidigen und hat dies, wie uns scheint,
mit recht ausgiebigen Worten in einem Schreiben gethan, welches
vor drei Jahren die Vertreter der physiologischen Wissenschaft in
England nach Leipzig gerichtet haben. Dasselbe lautet folgen-
dermaßen:

    The president and fellows of the Leipzig Physiological Society.

                                                London, Juni 1876.

    Gentlemen!

    The friendly words of encouragement sent by our Sister Society in Leipzig were particularly grateful to us at a time when f a n a t i s m and i g n o r a n c e seriously threatened to hamper all our efforts and retard research here in England, and these friendly words were the more prized by us because they were spoken in the names of men who have been our Teachers and Exemplars.

    We press with warmth the brotherly hand stretched out to us, certain to feel strengthened by that pressure.

    (Wir lassen hier die deutsche Uebersetzung folgen.)

    „Meine Herren!

Die freundlichen Worte der Aufmunterung, welche uns unsere „Schwester-Gesellschaft" zusandte, waren für uns von besonderem Werthe, zu einer Zeit wo Fanatismus und Unwissenheit drohen alle unsere Bemühungen zu Schanden zu machen, unsere Forschungen hier in England aufzuhalten. Ihre anerkennenden Worte sind für uns um so schätzenswerther, weil sie im Namen von Männern gesprochen worden, die unsere Lehrer und Beispiele gewesen sind.

Wir schütteln warm die Hand, welche Sie uns reichen, und fühlen uns durch diesen Händedruck gestärkt."

Unterzeichnet ist dies Schreiben an der Spitze:

„Honorary Members: Charles Darwin, Sharpey."

Dann folgen die Namen von 20 ordinary Members.

So weit zu der Behauptung, daß Koryphäen der Naturwissenschaft selbst ihre Stimme erhoben haben, um die Nutzlosigkeit und Unnöthigkeit der Vivisektionen kundzuthun. Die Beleuchtung, in welche Herr Ernst von Weber durch die angeführten Thatsachen geräth, fällt uns nicht zur Schuld.

Eine andere Gattung „wissenschaftlicher" Zeugnisse dagegen können und wollen wir nicht bestreiten. Diese besteht sowohl in England wie in Deutschland aus der Erklärung einer Anzahl „praktischer Aerzte", zum Theil dahin lautend, daß nur die Vivisektionen, zum Theil, daß überhaupt die ganze Physiologie für die ausübende Heilkunst völlig nutzlos und überflüssig sei. Es wird nur wenig Menschen geben, die nicht zum Kreise ihrer direkten oder indirekten Bekanntschaft einen Aeskulapsjünger zählen, der mit souveräner Verachtung von der Physiologie redet und sich gelegentlich öffentlich wie privatim dahin äußert, es würde verzweifelt traurig um die leidende Menschheit bestellt sein, wenn seine Kunst nicht auf tieferer Kenntniß der Naturheilmittel, als auf dem professorenhaften Firlefanz mikroskopischer, physikalischer und chemischer Untersuchungen beruhe. Daß diese Erklärungen nicht einflußlos auf das große, medicinisch ungebildete Publikum verbleiben können, ist selbstverständlich und ebenso begreiflich, daß sich die antivivisektionistische Liga deshalb mit besonderstem Nachdruck auf solche Zeugnisse von „Sachverständigen" beruft. Sie hat zu diesem Behufe für ihren angestrengten Prozeß einen eigenen ärztlichen Experten unter dem griechischen Pseudonym „Jatros" (zu deutsch: Arzt) angestellt, der schon im Jahre 1877 eine Schrift: „Die Vivisektion, ihr wissenschaftlicher Werth und ihre ethische Berechtigung" veröffentlichte und von Herrn Ernst von Weber mit derselben liebenswürdigen Bereitwilligkeit als „arzneiwissenschaftlicher Verfasser" bezeichnet wird, mit der er das ihm selbst beigelegte Prädikat „eines angesehenen Mannes der Wissenschaft" erträgt.

Unter solchen Umständen liegt allerdings die Berechtigung des Publikums zu der Frage sehr nahe: Wie ist es möglich, daß Aerzte, Anhänger und Jünger der Wissenschaft selbst ein so vernichtendes Urtheil über die Physiologie im Allgemeinen und die Vivisektion in concreto abgeben? Und es ist in der That von uns zu verlangen, daß wir auf diese Frage eine ausreichende Beantwortung ertheilen können. Leider können wir dies; es wäre sehr viel besser, wir sähen uns nicht so ausreichend in den Stand gesetzt.

Denn es ist weder ein sehr gottähnliches, noch für die Menschheit hervorragend ehrenvolles Bildniß, das wir zu diesem Behufe vorzuführen genöthigt werden. Es zeigt einen Kopf mit einer etwas zu niedrig gerathenen Stirn und einem normal, manchmal auch anormal großen, von kräftigen Zähnen bewachten Eingang zu den Verdauungsorganen des Körpers. Mit anderen Worten: die Leistungen des Cerebralsystems stehen zu den Anforderungen des Intestinalsystems nicht in derjenigen Proportion, welche bei materiell mittellosen Menschenkindern zur angenehmen Durchwanderung unseres irdischen Jammerthals unerläßlich zu sein pflegt.

Wie kommt das? Wie geschieht das? fragt der Luther'sche Katechismus, und die Erläuterung der uranfänglichsten genesis müssen wir bescheiden dem transcendental geschärften Einblick der Theologie überlassen. Wir können ab origine nur sagen, es ist Gottes Wille gewesen. Aber dann, sobald wir uns mit den in Rede stehenden Persönlichkeiten auf die Schulbank zu setzen und sie auf ihrer Entwicklungsbahn weiter zu geleiten vermögen, bedürfen wir der überirdischen Erleuchtung nicht mehr, sondern fühlen uns vollständig befähigt, mit der gemeinen Sehkraft unseres Verstandes den Werbeprozeß zu beobachten, zu verfolgen und weit im Voraus zu prognosticiren. Wenden wir uns mit Uebergehung der Einzelheiten dem Resultat der Lehrjahre der betreffenden medicinischen Jünger zu, so stellt sich heraus, daß sie nach Absitzung der Schulbänke und Erlangung desjenigen äußerlichen Anstriches von Gymnasialbildung, der ihnen die Inskription bei der Universität ermöglicht, auf dieser eine Reihe von Studienjahren zugebracht, größtentheils auf der Kneipe und dem Fechtboden verbummelt haben und vermittelst einer unaufgehellten Glückslaune des Zufalls durch das medicinische Staatsexamen hindurch gelangt sind. Damit haben sie das ihnen selbst am Unerwartetsten in die Hände gefallene Loos gezogen, sich als approbirte Aerzte betrachten zu dürfen, und es fehlt ihnen weiter für die glänzendste Existenz nichts mehr, als Leute, die sich von ihnen behandeln lassen und in ihrer Dankbarkeit für die wiedererlangte Gesundheit ein gutes Honorar entrichten. Doch auf solche Leute muß häufig ein junger Arzt auch trotz der besten wissenschaftlichen Kenntnisse und großer Fähigkeit jahrelang warten, und es ist begreiflich, daß diejenigen, welche so gut wie nichts gelernt haben und nichts können, diesen Zeitraum des Harrens auf Patienten für sich nicht verringert sehen. Im Gegentheil, allmälig fängt derselbe an, ihnen eine äußerst unbehagliche Perspektive in die Unendlichkeit (wie man etwas euphemistisch die Dauer des Menschenlebens bezeichnet) zu eröffnen, und das Warten unter solcher Aussicht besitzt in der That nicht viel Verführerisches. Aber wenn auch ihre wissenschaftliche Kenntniß und ärztliche Befähigung dabei nicht anwächst, denn zum Wachsen gehört ein keimfähiges Saatkorn, so erweitert sich doch langsam mit den Jahren ihr Einblick in die bestehende Welt um sie her und reift in ihnen die tröstliche Erkenntniß, daß dieselbe sich aus wenig Vernunft und viel Einfalt zusammensetzt. Nun scheiden sie sich in zwei Kategorien: in die Ehrlichen und die von Anfang an Gewissenlosen; die Ersteren haben jetzt einen schweren Kampf mit sich selbst zu bestehen, der den Letzteren durch ihren bereits vorgeschritteneren Standpunkt erspart bleibt. Das Ergebniß aber ist bei der Mehrzahl der ersten Rubrik das nämliche, wie bei der Ganzzahl der zweiten. Hungern oder Schwindel treiben, das ist nur die Frage, und der medicinische Hamlet, der den echten Dänenprinzen schon lange um seine gediegene Körperkonstitution beneidet hat, trifft seine Entscheidung zu Gunsten der letzteren Eventualität. Er würde mit diesem rühmlichen Entschluß, dem ersehnten Ziele allerdings an sich auch noch nicht besonders nahe gerückt sein, wenn seine Erfahrung ihn nicht gründlich belehrt hätte, daß er nur den kleinen Finger auszustrecken braucht, damit die Majorität des verehrlichen Publikums ihm beide Hände, die Füße hinterdrein und Rumpf und Kopf sammt fragwürdigem Inhalt dazu entgegenreicht. Diese Bereitwilligkeit desselben beruht auf seiner angeborenen berechtigten Eigenthümlichkeit, jeden Arzt für einen Dummkopf zu halten, der in gegebenen Fällen seine Unfähigkeit, eine Heilung zu erzielen, offen ausspricht, und in Folge dessen denjenigen als einen Heiland zu betrachten, welcher bestätigt, daß die „veraltete" Wissenschaft nicht den Heilsweg für die leidende Menschheit bilde und, sich in den Zaubermantel Faust's einhüllend, ganz neue und obendrein sehr einfache, „der großen Mutter Natur abgezwungene" Wundermittel entdeckt zu haben erklärt. Die Hauptsache jedoch für ihn ist die öffentliche Abwendung, Verlängnung und Verspottung der „verrotteten" Katheberwissenschaft, und er vollzieht dies Geschäft mit einer Seelenharmonie, um die der erste Inhaber des päpstlichen Stuhles auf Erden ihn vermuthlich an der Himmelspforte noch heutigen Tages beneidet. Er erklärt lächelnd, daß er seine Jugendlehrjahre bei den Sänen verbracht habe, und daß das Evangelium einzig in den homöopathischen Apotheken Hahnemann's und Luße's, oder in den drei Universalmitteln und den Organmitteln der „Erfahrungsheillehre" Rademacher's zu finden sei. Er wird „Wasserdoktor", und mit wachsender Lebenserfahrung und psychologischer Erkenntniß besonders der weiblichen Hälfte seiner Patienten beginnt er die Nützlichkeit und reichhaltige Wirkung des animalischen Magnetismus einsehen und schätzen zu lernen. Er macht ein bedeutungsvolles Gesicht, wenn vom Geisterklopfen, Tischrücken, Somnambulismus und Medien

[...] zur außerordentlichen [...] in ihn, daß man die Ge-
[...] durchaus noch nicht alle erforscht habe.
[...] Theil ungebildeter und halbgebildeter Mütter
[...] und hohen Kreisen der Kuhpockenimpfung ihrer
[...] Aengstlichkeit entgegensieht, so berichtet er zahlreiche
[Fälle], wo jenen schreckliche Krankheiten dadurch ins Blut eingeführt worden, und spricht sich mit tiefster sittlich-ärztlicher
Entrüstung über die Ruchlosigkeit des staatlichen Impfzwanges
und der dadurch bewerkstelligten Vergiftung der unschuldigen,
kaum geborenen Geschöpfe und des ganzen Menschengeschlechts
aus. Er stellt sich in seinem Wohnort an die Spitze der Agitation gegen jenes Gebot, und seine Praxis erweitert sich in
allen Häusern, welche diese freudenvolle Kunde erreicht. Er ist
so menschlich-mitfühlend, oft sogar christlich-gläubig und so zornig-
bekümmert von der Eitelkeit, Narrheit und Pflichtvergessenheit
seiner „wissenschaftlichen" Lehrer und ci-devant Collegen durch-
drungen; er übernimmt als Menschenfreund die Führung jeder
Opposition gegen etwaige von Sanitätsbehörden angeordnete
Erlasse und weist in billigen Broschüren die Verwerflichkeit und
Lächerlichkeit derselben nach. So thront er in seinen Kreisen
geehrt und bewundert, oftmals in Folge des thierischen Magnetismus schwärmerisch vergöttert, und erreicht in wenig Jahren
als weiser Mann das Ziel, daß er Hamlet nicht mehr zu beneiden
braucht. Dann stellt er als „ärztliche Autorität" Herrn Ernst
von Weber für seine „Folterkammern der Wissenschaft" das
Zeugniß aus, „daß die Vivisektionen keinerlei Nutzen für die
Menschheit herbeizuführen im Stande sind," und er steht als
Alleinherrscher in allen Herzen und Häusern da, deren Tages-
lauf sich um „Bello's" Wohl und Wehe, Lust und Leid, be-
friedigendes Tellerlecken oder mißvergnügtes Schnauzengekräusel
dreht.

Das ist „Jatros", das ist der andere Troß, der sein „Ja"
hinterdrein ruft. Mit dieser Schilderung der Feldwebel haben
wir die Aufzählung der Angehörigen des antivivisektionistischen
Heeres vom Generalstab und scheinbaren Kommandanten bis

zum Fuhrknecht und den Marketendern das
letzte Aufgebot, den Landsturm, bildet der
und Knitteln.

Nach dieser nur der Form nach manchmal etwas
inhaltlich aber sehr ernsthaften Entwicklungsgeschichte,
auf den letzten Seiten verfolgt, fühlen wir eine Art
pflichtung, auch ein wenig zur Erheiterung unserer Leser b
tragen. Zu diesem Zweck empfehlen wir ihnen zunächst die
„Zeitschrift des Stammvereins für volksverständliche Gesundheitspflege, herausgegeben von dessen der-
zeitigem Vorstand Hermann Canitz in Chemnitz." Der
Titelkopf verspricht, wie man sieht, schon Einiges in gram-
matikalisch-stilistischer Richtung: besonders indeß erlauben wir
uns die Aufmerksamkeit auf einen in Nro. 9 d. J. abgedruckten,
von „Hugo (Adolph?) Graf Zedtwitz" unterzeichneten Aufsatz: „Die Logik der Vivisektoren" hinzulenken. Der Leser wird
darin eine aufgereihte Schnur englischer und deutscher Antivivi-
sektionsperlen finden, von denen wir als Musterprobe der ersteren
den Satz mittheilen:

„Einst bedienten sich die Zauberer des Blutes und der
Martern, um den Stein der Weisen und die Universalmedizin
zu finden. Alle, die diese Dinge kennen, müssen von der Ana-
logie betroffen sein. Es ist in demselben Geiste und zu demselben Zwecke, daß man heute die entsetzlichsten Orgien in den
Laboratorien der Physiologen feiert durch den Sturz des Dämons
einer gesunkenen Wissenschaft." (Das Begreifen des letzten
Satzes ist allerdings etwas mit Schwierigkeiten verknüpft, aber
vermuthlich der Lohn des Nachdenkens desto köstlicher.)

Als eignes Exsudat-Gewächs der Perlmuscheln Hugo's
Graf Zedtwitz' führen wir an:

„Daß aber die echte Wissenschaft mit den Vivisektionen
gar nichts zu thun hat, darin ist wohl mit Ausnahme der
Vivisektoren und ihrer Anhänger alle Welt einig. Es handelt
sich bei Jenen wie bei den Impfgesetzen nur darum, ihre hun-
dertjährige Herrschaft zu behaupten, sei es auch durch die er-
bärmlichste Gaukelei."

…spruches gleichfalls zu …der Wissenschaft" zählt, ist uns …indeß zu vermuthen, da in derselben Zeit…zwei andere, offenbar jener Rubrik angehörige … — E. Birke, Bezirksschullehrer in Chemnitz, und …lb, Oekonom in Tannenberg bei Mittweida — der …heit ihre Erfahrungen auf dem Gebiete der medicinischen Hülfsleistung nicht vorenthalten. Der Erstere berichtet unter dem ebenso bescheidenen wie verheißungsvollen Titel: „Spezialwissenschaft und Naturheilkunde," daß ihm „eine sogenannte Gerstenkornbildung manche unangenehme Stunde verursachte." Die angewandten Mittel des sogenannten wissenschaftlichen Arztes blieben begreiflicher Weise erfolglos, bis der Unglückliche durch Gottes Fügung von dem Naturheilverfahren des Herrn Canitz (des Herausgebers der Zeitschrift) Kunde erhielt. Der verordnete ihm: 1) Früh nach dem Aufstehen ein Fußdampfbad über kochend heißem Wasser; 2) eine zweistündige Ganzpackung (Wasser 18°); 3) Abwaschung (18°) und tüchtiges Frottiren des ganzen Körpers, (Nr. 1—3 auch Abends wiederholt); 4) hierauf wurden die Augen mit 26grädigem (vielleicht grätigem?) Wasser ausgewaschen und darauf 5) tüchtige Nasentusche (schwarze?) mit 24° Wasser: den Schluß bildete 6) Gurgeln mit Wasser, welches einige Zeit im Zimmer gestanden hatte. (4—6 wurden stündlich vorgenommen.) (Wir vermissen bei so vielem Wasser nur bedauerlich die Seife, die muthmaßlich ebenfalls wohlgethan hätte.) „Der Erfolg war überraschend. Schon nach der zweiten Packung trat Linderung der Schmerzen ein — eine Wandtapete mit ihren stärkeren und schwächeren Mustern diente als Gradmesser für das sich allmälig wieder steigernde Sehvermögen."

„Bereits nach Ablauf von fünf Wochen war das Gerstenkorn beinahe völlig verschwunden und angenehme Stunden traten wieder ein."

Die Mittheilung des zweiten angesehenen Mannes der Wissenschaft und Collegen Hugo's Graf Zedtwitz' ist noch weit erfreulicher. Der Sohn des Ersteren litt an „zeitweiligem Gelenkrheumatismus", an dem ganze *** umsonst kurirt hatten. — „Doch wenn die ***, so ist die Hilfe am nächsten," sagte sich Herr *** nom in Tannenberg bei Mittweida. „Warum hat man nicht schon längst daran gedacht, und doch stehen immer *** und Empfehlungen des Naturarztes Hugo Sperling im Blatte?! (Ja, warum hat man noch nicht überall längst daran gedacht? Unsere Schuld ist es nicht.) „Und Herr Sperling kam mit dem nächsten Zuge (nicht Spatzenzuge, sondern dem der Eisenbahn) und sagte: Wenn Sie meine Anordnungen pünktlich befolgen, stirbt Ihr Sohn nicht!" Und derselbe starb nicht. Nur „bekam er in der naturgemäßen Behandlung erst Scharlach, dann Masern, Spitzpocken, pockenähnliche, bohnengroße Pusteln am Knie, Friesel und andere sogenannte Kinderkrankheiten, welche theils durch Medikamente, theils durch Erkältungen ec. zurückgedrängt worden waren." Nachdem der Unglückliche dieses ihm hinterlassene achtjährige Vermächtniß der „medicinischen Aerzte" aus seinem Körper herausgeschafft hatte, war er genesen, dem Leben und seinem Meister, der Sattler in Geringswalde ist, wiedergegeben.

So handelte ein Sperling an einem Menschen. Und wie handelt ein Mensch, wenn er Physiolog ist, an einem Sperling und den Mitgeschöpfen desselben? — Wir überlassen diese Wendung neidlos Hugo Graf Zedtwitz als etwaiges Motto für weitere Aufsätze über die „sittenverwildernde, menschlichkeitsgefühlabstumpfende, blutdürstige Scheußlichkeit an den Stätten der Wissenschaft" und empfehlen ihm gleichzeitig ausgiebigere Verwerthung der belehrenden Artikel seiner Collegen in der „Zeitschrift des Stammvereins für volksverständliche Gesundheitspflege." Auch sein Stil kann daran profitiren.

Diese unwillkürliche letztere Empfindung veranlaßt uns, noch einmal auf die „Folterkammern der Wissenschaft" zurückzukommen und ein paar interessante Stilproben des Erzählungstalents und der unverfrorenen wissenschaftlichen Universal-Capacität, so wie der tiefen humanen Bekümmerniß des Herrn Ernst von Weber beizufügen. Er sagt: „Wie traurig klingt da doch

..., daß für alle die ent[setzlichen] qualvo[llen] Millionen von Thieren, die in den le[tzten ...] über ganz Europa hin den utopischen Zwecken [der Medi]ain und der Eitelkeit so vieler nach einem wissenschaft[lichen] Namen strebender Forscher geopfert worden sind, auch nicht eine einzige Stunde eines Menschenlebens aufgewiesen werden kann, die dadurch gewonnen oder erträglich gemacht worden wäre."

Herr von Weber mag zu den Leuten zählen, denen einen solchen Beweis direkt zu liefern, schwer möglich fiele, allein indirekt, will uns dünken, ist ihm selbst durch die Vivisektion doch wohl manche gute Stunde bereitet worden. Jedenfalls gehören diejenigen dazu, in welchen er den Stoff zu seiner geschmackvollen Erzählung fand:

„Zu einem Concert in Florenz" (Herr von Weber besitzt, wie er uns mittheilt, die Ehrenmedaille 1. Klasse der dortigen Thierschutzgesellschaft) „war eine zahlreiche aristokratische Gesellschaft versammelt. Eine hochelegante und bildschöne junge russische Fürstin zog durch ihren herrlichen Wuchs und ihren prachtvollen Diamanten- und Perlenschmuck aller Augen auf sich. Plötzlich, gerade als das Concert beginnen sollte, erhob sich die junge Dame, wie von einem Schauder ergriffen und verließ erregt den Saal. Eine Freundin hatte ihr soeben die Mittheilung gemacht, daß die neben ihr sitzende Dame die Gattin des berühmten Vivisektors Schiff sei. Dieses kleine Ereigniß gab natürlich für einige Tage den Gesprächsstoff für ganz Florenz. Welche Macht könnten doch unsere Frauen und Mädchen in der Gesellschaft ausüben, wenn sie bei entsprechenden Gelegenheiten ähnlich handeln wollten, wie jene feinfühlende Russin! Denn, mögen die Vivisektoren sich aus dem Verdammungsurtheil von Männern auch nicht einen Pfifferling machen — die Schande von den Königinnen der Gesellschaft verabschent zu werden, ertragen sie nicht, schon wegen ihrer eigenen Frauen und Töchter."

Wir wissen nicht, ob Herr von Weber die Erfahrung des letzten Satzes bezüglich der „Königinnen" an sich selbst abstrahirt

hat; bedauerlich wird es ihm aber jedenfalls sein, daß die
sprechende Gelegenheit" sich in Florenz und nicht in Latz...
boten, da Frau Schiff dann nicht durch den, freilich ideal
gewichtigen Schauder der hocheleganten, bildschönen, diamanten-
geschmückten und feinfühlenden russischen Fürstin, sondern durch
eine Anzahl real gewichtvollerer Steinwürfe bestraft worden
wäre. Zum Glück aber scheinen wenigstens die Abscheu=Lorbeern
der hocheleganten Russin wider ihre sonstige botanische Natur
zu der Frucht gelangt zu sein, daß sie einer deutschen feinfühlenden Schwester derselben nicht Ruhe gelassen und die pseudonyme
Schriftstellerin Elpis Melena zur Verfassung einer Novelle
„Gemma, oder Tugend und Laster" angetrieben haben. Wir
kennen die Novelle nicht und wissen von der Verfasserin gleichfalls nichts weiter, als daß sie — worin wir uns täuschen
können — einer griechischen Fürstenfamilie angehört — und
daß sie — worin wir uns nicht zu irren vermögen — einige
merkwürdig langweilige Berichte über die interessante Insel
Kandia veröffentlicht hat. Aber da Herr von Weber „Gemma,
oder Tugend und Laster" in den „Folterkammern der Wissen=
schaft" unter den heiligen Büchern der Vivisektion mit aufzählt
und hinzufügt: „Ich möchte die Lektüre dieser letzteren fesselnden
Schrift namentlich allen deutschen Frauen angelegentlich empfehlen," so steht wohl zu vermuthen, daß sich die Physiologie
darin erbricht und Herr von Weber sich zu Tisch setzt.

Ueberblicken wir nun noch einmal die stattliche Gliederung
der antivivisektionistischen Verbrüderung und Verschwisterung:
Die hohe — höchste — englische Aristokratie — die orthodoxe
Geistlichkeit in England und Deutschland — hohe Kreise im
letzteren — Herr Ernst von Weber und Hugo Graf Zedtwitz —
alle Gattungen „guter Menschen und schlechter Musikanten" —
zahlreiche Mitglieder der Thierschutzvereine — Jatros und die andern „arzneiwissenschaftlichen" Autoritäten, die auf der Universität
nichts gelernt, doch die Schule des Lebens nicht umsonst besucht
haben — alle alten Weiber der Welt — Elpis Melena — der
Pöbel mit Fäusten, Steinen und Knitteln — so haben wir nichts
mehr beizufügen als ein gutes altes deutsches Wort: „Sage

... weit hatten wir geschrieben, als eine jener feinen Wen-
... des Lebens, jenes eigenthümliche Lächeln der Glücks-
..., das wir undankbarer Weise oft mit der plumpen Be-
zeichnung „Zufall" verunglimpfen, uns noch eine neue, uns bis
dahin unbekannt gewesene Zeitschrift in die Hand spielte, welche
den Titel trug: „Bayreuther Blätter, Monatsschrift des
Bayreuther Patronatvereins, unter Mitwirkung Richard
Wagners, redigirt von H. v. Wolzogen." Die Ueberschrift
des ersten Artikels darin fesselte unser Augenmerk. Sie lautete:
„Ueber Verrottung und Errettung der deutschen Sprache, von
Hans von Wolzogen", und wir sagten uns, daß hier unstreitig
eine sehr verdienstliche Saite berührt und jedenfalls unsere Zeit
äußerst nutzbringend auf die Lektüre dieses Aufsatzes verwandt
werde. Doch bleibt Irren menschlich, und wir erkannten uns
in diesem Falle nach einigen Minuten sehr in unserer menschlichen Schwäche. Wir entdeckten nämlich zu unserer Ueber-
raschung, daß die deutsche Sprache von den gesperrt gedruckten
Namen: Paul Heyse, Lasker, Paul Lindau, Karl
Gutzkow, Rudolf Gottschall, Eduard Hanslick, Fer-
dinand Kürnberger, Franz Dingelstedt, Spielhagen,
Roquette, Karl Blind, Bluntschli, Wilhelm Lübke,
Karl Vogt, sowie noch sehr vielen sonstigen Rädelsführern
verrottet wird, und daß die einzige Aussicht auf Errettung
der Sprache auf vier Augen, zwei Zungen oder zwei Gänse-
kielen beruht, nämlich auf denjenigen des Herrn Richard Wagner und einer Persönlichkeit, welche falsche Bescheidenheit leider
dem Verfasser mit gesperrtem Namensdruck zu bezeichnen unter-
sagte. Aufrichtig gestanden, ergriff uns bei dieser jähen, gänzlich unvorbereiteten Erkenntniß ein solcher Schreck und solche
Hoffnungslosigkeit in Betreff der zukünftigen Meinungsäußerungen
und Gedankenveröffentlichungen des deutschen Volkes, daß uns
auch Herrn von Wolzogens tiefsinnig-gelehrte Betrachtungen über
die Sprachstufen der Isolation und Agglutination keinen Trost

mehr zu gewähren vermochten. Fast betäubt blätterten wir in der „Monatsschrift des Bayreuther Patronatvereins" weiter und waren so verwirrt, daß wir bei der Durchmusterung einer Anzahl von Artikeln statt jener die „Zeitschrift des Stammvereins für volksverständliche Gesundheitspflege" vor uns zu haben glaubten, als wir zum Glück noch an der Ueberschrift mehrerer Aufsätze: „Wollen wir hoffen?" — „Ueber das Dichten und Komponiren" und anderer wahrnahmen, daß dieselben nicht von dem Naturheilarzt Herrn Canitz, sondern von Herrn Richard Wagner herrührten. Dennoch glaubten wir kurz darauf, die visionäre Stimmung, in die wir gerathen und die immer Bild und Worte von Hugo Graf Zedtwitz, E. Birke, Bezirksschullehrer aus Chemnitz und Bertholb, Oekonom in Tannenberg bei Mittweida, vor uns fortgaukeln ließ, treibe abermals ihr Spiel mit uns, als wir bei neuem Blattumwenden auf ein „Offenes Schreiben an Herrn Ernst von Weber, Verfasser der Schrift: Die Folterkammern der Wissenschaft," stießen, dessen Autor den Adressaten mit den Worten: „Lieber hochgeehrter Herr!" ansprach. Betroffen, an unseren sämmtlichen Sinnen irre geworden, suchten wir nach der elf Seiten weit entfernten Unterschrift. Das mußte doch „Hugo Graf Zedtwitz" sein und es war also doch die „Zeitschrift des Stammvereins" — wer beschreibt unser Staunen, als wir unsere abermalige und gründlichste Täuschung erkannten — es war wiederum Herr Richard Wagner.

Sehr merkwürdig — gleich im Anfang trat uns das Wort „Vivisektion" entgegen — was in aller Welt konnte Herr Richard Wagner mit Herrn Ernst von Weber und der Vivisektion zu schaffen haben? Aber wir vermochten unsere Augen nicht Lügner zu schelten, und wir lasen.

Was, werden wir später in Kürze mittheilen. Vorerst sehen wir wieder die berechtigte Katechismusfrage auf den Lippen unserer Leser: Wie kommt das? wie geschieht das? und obwohl wir uns nicht für unfehlbar halten, wollen wir zunächst darauf eine Antwort zu geben versuchen, bei der wir abermals auf das Talleyrand'sche Axiom vollen Verzicht leisten.

███████████ zu Bayreuth wohnt. Er ist ░░░░
░░ mit der ganzen Welt, außer mit sich selbst und ░░
░░ von Patronatsscheinen für Bayreuther Theater-░░░
░░n. Daraus entspringt ein Drang bei ihm, die ░░░░
░░ Welt zu verbessern, oder wie er sich in dem „offenen
Schreiben" an Herrn Ernst von Weber ausdrückt, zu veredeln.
Er veredelt Alles, was in seine Sphäre geräth: die Musik, die
Kunst, die Dichtung, die Menschheit. Er veredelt die Sitten,
das Familienleben, Treue und Glauben zwischen den sterblichen
Erdenbewohnern, Alles mit Ausnahme der Juden, die er als
unverbesserlich-ruchlos aus seinem am Gründlichsten veredelten
Herzen ausschließt. Er besitzt das altclassische „os magnum
sonans" in einem Umfange, daß die deutsche Uebertragung mit
Mund — etwa „Großtonmund" — bei ihm nicht mehr an-
wendbar erscheint. Er ist ein wahrer Stein der Weisen, der,
was er berührt, in Gold verwandelt, und aus dessen Munde
deshalb auch nur goldene Worte hervorgehen können. Und
solche richtet er diesmal an den „lieben, hochgeehrten" Herrn
von Weber.

Eines mag unwissende Zeitgenossen daran befremden, ehe
sie das „offene Schreiben" gelesen haben. Sie fragen vielleicht
trotzdem: „Wie kommt Herr Richard Wagner dazu, von der
Vivisektion und physiologischen Wissenschaft zu reden, da ein
vernünftiger Mensch nicht über Dinge zu urtheilen pflegt, von
denen er nichts versteht, und da unseres Wissens die einschlägigen
Untersuchungen Herrn Wagners sich bisher nur auf die Erforschung der Grenze der Marterungsmöglichkeit von Trommel-
fellen beschränkt haben?" Doch in Bezug auf die erste Prämisse
entgegnet Herr Richard Wagner sofort nachdrücklich: Ich danke
für euren Titel eines vernünftigen Menschen! Glaubt ihr, ich,
der Einzige, wolle etwa Euresgleichen sein? — Und hinsichtlich
der zweiten Annahme erklärt er auf der ersten Seite seines
„offenen Schreibens," daß er „im vorliegenden Falle wiederum
demselben Gespenste der Wissenschaft begegne, welches in unserer
entgeisteten Zeit sich vom Secirtisch bis zur Schießgewehr-Fabrik

zum Dämon des einzig für staatsfreundlich geltenden Rü[...] Kultus aufgeschwungen."

Das ist ein Standpunkt, den wir so wenig zu erschütt[ern] streben können, wie das Standbild des heiligen Wiswam[itra] und wir werden uns, der oberwähnten Beschränkung des Meist[ers] nacheifernd, nur zu seinen Füßen niederlassen und den goldenen Sphärenmelodien seiner Worte lauschen. Leider beschränkt uns wiederum der Raum, daß wir nur eine Tonleiter derselben mitzutheilen vermögen.

Herr Wagner beginnt seine für die deutsche Sprache und das deutsche Volksgemüth gleich lehrreiche Thätigkeit mit einigen Seiten analytischer Auseinandersetzung über den Begriff des Mitleids. Es hat bis heut zwei Heroen desselben auf Erden gegeben: „unsern Erlöser" und Herrn Richard Wagner. Er ist das Fleisch gewordene Mitleid; wenn er es könnte, würde er, nicht wie Jesus allein für die Menschen, sondern gleich Buddha-Çâkjamuni für die Erlösung aller Kreatur — nur die Juden ausgenommen — tausendfältige Todesarten erleiden. Als „Apostel des Mitleids" (Seite 301) verabscheut er besonders „die Armee-Verwaltung," deren Zweck in der „Abkürzung der unnützen Leiden des Daseins durch immer sicherer treffende Geschosse" besteht. Aus der ihm eigenthümlichen Bescheidenheit tritt er bei diesem Anlaß nicht als Verbesserer der Strategik auf und unterdrückt den nahe liegenden humanen Vorschlag, statt dessen den Feind künftighin vermittelst Blasinstrumenten in die Flucht zu schlagen.

Sodann geht Herr Wagner vom Mitleid zum Zorn über, denn, dem römischen Feldherrn gleich, trägt er Frieden und Krieg in der Tasche, und dem römischen Statthalter gleich, sitzt er zu „Wahnfried" auf dem Stuhl, um zu segnen, aber auch um zu verfluchen. Die letztere Obliegenheit vollzieht er auf Seite 303 an den Aerzten, welche die Physiologie als eine Wissenschaft betrachten, und die er deßhalb als „Pfuscher in ihrem Metier" brandmarkt. Jedoch verläßt die Bescheidenheit ihn nie. Er verschweigt keineswegs, „daß er nur wenige Belehrungen über das Wahre und Richtige in dieser Angelegenheit

... . Menschen hätten ..... beburft, wären durch den Mangel ihres Wissens ..... „Feiglingen" entwürdigt worden. Um so .... ist es, zu sehen, wie bei einem großen Menschen das ..... der Belehrung ausreicht, ihn sein unumstößliches ..... über „die grauenhafte Stümperei der Wissenschaft" fällen zu lassen. Allein zugleich regt sich wieder das Mitleid bei ihm; sein weiches Herz will den Anlaß nicht ungenutzt vorübergehen lassen, uns wenigstens nach anderer Richtung einen Trost zu spenden, und wir erfahren, daß außer ihm und Herrn von Wolzogen sich noch ein Dritter an der Errettung unserer verrotteten Sprache werkthätig betheiligt. Dies ist „die in edelstem deutschem Stile abgefaßte und schon hierdurch sich auszeichnende Schrift" von Jatros. Es könnte dem Leser wehe thun, bei dieser Gelegenheit nicht auch den Stil der „Folterkammern der Wissenschaft" durch ein gleiches Zeugniß verherrlicht und Herrn von Weber dem gemeinen Haufen der von Hans von Wolzogen gekennzeichneten Sprachverrotter entrückt zu gewahren. Doch ist eine solche Exemption an dieser Stelle nicht mehr erforderlich, denn Herr Wagner hat sich bereits im Proömium seines „offenen Schreibens" über das „kräftige Beispiel" Herrn von Webers ausgesprochen, und „die vielleicht nicht allzugeringe Anzahl von Freunden in Betracht gezogen, welche das Gefallen an meiner Kunst mir zuführte," sowie im folgenden Satze die Absicht kundgethan, „Ihnen (Herrn Ernst von Weber) nachzueifern, um auch auf diesem, dem ästhetischen Interesse scheinbar abliegenden Gebiete den Charakter der künstlerischen Einwirkung zu erforschen, welche von vielen Seiten her bis jetzt mir zugesprochen worden ist." Wenn aber die „Folterkammern der Wissenschaft" für Herrn Wagner ein „Beispiel" bilden, das ihn zur „Nacheiferung" treibt, so involvirt das unfraglich für jeden nicht Uebelwollenden implicite Herrn von Weber als den vierten edlen deutschen Stilisten.

Auf den elf Druckseiten seines Briefes redet Herr Wagner auch einmal von der angeblichen Nützlichkeit der Vivisektion. Er sagt in einer Zeile: Sie ist völlig nutzlos. Ich habe es gesagt, Richard Wagner. Du sollst keinen andern Wissenschaftserklärer haben neben mir! — Da habt ihr eine Wissenschaft! —

Auf Seite 304 schreitet Herr Wagner zur Lobrede derjenigen „Weisen" fort, die sich der Fleischnahrung enthielten und denen „sich das Geheimniß der Welt als eine ruhelose Bewegung der Zerrissenheit enthüllte, welche nur durch das Mitleid zur ruhenden Einheit geheilt werden könne." Wir müssen unsere mangelnde musikalische Befähigung eingestehen, die Harmonie dieses Tonsatzes, sowie die der darauf folgenden in ihre Bestandtheile aufzulösen. Wir glauben noch in Erfahrung gebracht zu haben, „daß das Thier mit schrecklichster Angst und furchtbarem Widerstreben dem ihm so nutzlosen, absoluten Leiden entgegensieht" — daß Plutarch unsere heutigen Zoologen beschämend übertroffen — daß Christus auch für die Thiere gestorben ist. Aber Bürgschaft für unser Vollverständniß möchten wir aus dem oben angeführten Grunde in Bezug auf diese Erörterungen nicht übernehmen.

Auf Seite 305 dagegen fühlen wir wieder festen, unzweifelhaften, edelstiligen, deutschen Boden unter unseren Füßen. Scheinbar gelangen wir zwar nach Palästina, denn Herr Wagner beginnt mit der Erklärung: „Das alte Testament hat heut zu Tage gesiegt, und aus dem reißenden ist das „rechnende" Raubthier geworden." Diese Erwähnung des „alten Testaments" verheißt nicht viel Trostreiches; sie deutet nicht auf die Tasche des Mitleids, sondern auf die des Zornes hin. Und wir täuschen uns nicht, denn Herr Wagner fährt, mit schneidender Ironie scheinbar sich selbst unter die Zahl der im Nachfolgenden gebrandmarkten Verbrecher einbegreifend, fort: Wir haben ein Recht dazu, tausend treue Hunde tagelang zu martern, wenn wir hierdurch einem Menschen zu dem „kannibalischen" Wohlsein von „fünfhundert Säuen" verhelfen."

„Das ist eine verthierte" (?, nach Schopenhauer sollte es „vermenschlichte" heißen), „ja mehr als verthierte, eine verteufelte Welt!" sagt Herr Wagner empört noch auf derselben Seite, auf der er mittheilt, daß „unser Erlöser" auch für die Thiere gestorben sei. Dann aber giebt er uns ein kleines Räthsel auf,

..., irdisch-logisch organisch-Mensch, ... nur der musikalisch-gottähnliche zu Wesen ver= ... denn auf Seite 305 berichtet er, „daß ein redlich forschen= ..., sorgfältig züchtender und wahrhaftig vergleichender, wissen= ...licher Thierfreund" (doch nicht etwa Darwin, der unter= ...lich beglaubigte Anhänger der scheußlichen Sekte der Vivi= ...nisten?) „die Lehren verschollener Urweisheit wieder offen gelegt, nach welchen in den Thieren das Gleiche athmet, was uns Leben giebt, ja daß wir unzweifelhaft von ihnen selbst abstammen." (Ein Sprachverrotter hätte sich muth= maßlich ausgedrückt: „daß wir selbst unzweifelhaft von ihnen abstammen.")

Wir leisten in unserer Beschränkung auf die Lösung dieses Räthsels Verzicht, beugen uns in schweigsam staunender Ehr= furcht vor dem Gewaltigen, der, nicht von den plumpen Banden irdischer Logik gefesselt, zu uns spricht: Ich sage es, Richard Wagner. Ich habe jenes gesagt und sage dieses; ich sage Alles. — Da habt ihr eine deutsche Religion! —

Und als Fundamentalsatz derselben verkündet Herr Wagner, der Moses (pardon, aber Moses war ein halber Egypter, sonst hätten wir's nicht gewagt) derselben:

„Wir" — und diesmal ist es kein ironischer Plural, sondern der der Majestät — „verachten den Menschen, der das ihm verhängte Leiden nicht standhaft erträgt und vor dem Tode in wahnsinniger Furcht erbebt: gerade für diesen aber viviseciren unsere Physiologen Thiere, impfen ihnen Gifte ein, welche jener durch Laster sich bereitet, und unterhalten künstlich ihre Qualen, um zu erfahren, wie lange sie etwa auch jenem Elenden die letzte Noth fernhalten könnten!" — Da habt ihr eine deutsche Moral, Pathognostik und Therapeutik! —

Nachdem Herr Wagner dann auf einigen Seiten seine An= muth und Kenntnißfülle zur Bereicherung und Veredlung des Beispielschatzes der „Folterkammern der Wissenschaft" für die nächste Auflage derselben verwerthet hat — die Vivisektionisten werden sich natürlich dadurch genügend charakterisiren, daß sie die rührenden und herzerschütternden Mittheilungen Herrn Wagners als alte, abgestandene Weidinger irgend eines bemüßigten reisenden bezeichnen. — wendet er den Taschengrand seines und Abscheues direkt und völlig gegen die „Physiologen" um und spricht mit der ihm eigenen Grazie:

„Diesen in der Angst ihrer Verlogenheit auf dem Baume der Erkenntniß herumkletternden Affen dürfte aber jedenfalls zu empfehlen sein, nicht sowohl in das aufgeschlitzte Innere eines lebenden Thieres, als vielmehr mit einiger Ruhe und Besonnenheit in das Auge desselben zu blicken; vielleicht fände der wissenschaftliche Forscher hier zum ersten Male das Allermenschenwürdigste ausgedrückt, nämlich: Wahrhaftigkeit, die Unmöglichkeit der Lüge, worin, wenn er noch tiefer hineinschaute, die erhabene Wehmuth der Natur über seinen eigenen jammervoll sündhaften Daseinsdünkel zu ihm sprechen würde; denn da, wo er wissenschaftlichen Scherz betreibt, nimmt das Thier es ernst."

Ich habe es gesagt, Richard Wagner. Ich, der Einzige, der Opernkomponist, der Sprachretter, der Veredler, der Erfinder des mir sonst so fern gelegenen Wortes: „jammervoll sündhaften Daseindünkels," der Mensch par excellence: Ihr Physiologen seid verlogene Affen! Meine Ahnherren waren es freilich auch, aber Ihr seid auf der Entwicklungsstufe derselben stehen geblieben! Meine Großväter wurden Menschen, eure nicht! Ich bin der Uebermensch von Gottes Gnaden, die höchstdenkbare Potenzirung irdischer Kreatur! — Da habt ihr einen deutschen Menschen! —

Wir nähern uns dem Schluß der neuesten Komposition („Zehntes Stück") Herrn Wagners. Man empfindet es; das Allegro nimmt immer mehr zu, die Molltöne des Mitleids schweigen gänzlich, schneller und kräftiger setzen die Pauken ein, das Fortissimo steht unmittelbar bevor. Nur ein halber Ruhepunkt wird uns noch durch die Frage Herrn Wagners vergönnt: „Sollten wir dies" (die Abschaffung „der Menschheitsschändung durch die Vivisektoren") „wiederum ‚Staatsfeinden' überlassen, als welche ja nach den neuesten Gesetzgebungen die sogenannten ‚Socialisten' gelten? In der That erfahren wir, daß der gewaltsame Einbruch in solch ein Vivisektions-Operatorium zu Leipzig, sowie die hierbei vollführten schnellen Tödtungen der für wochenlange Martern aufbewahrten und ausgespannten zerschnittenen Thiere, wohl auch noch eine tüchtige Tracht Prügel an den sorgsamen Obwärter der scheußlichen Marterräume, einem rohen Ausbruche subversiver sozialistischer Umtriebe gegen das Eigenthumsrecht zugeschrieben worden ist. Wer möchte nun aber nicht Sozialist werden, wenn er erleben sollte, daß wir von Staat und Reich mit unserem Vorgehen gegen die Fortdauer der Vivisektion und mit der Forderung der unbedingten Abschaffung derselben, abgewiesen würden? Aber nur von der unbedingten Abschaffung, nicht von ‚thunlichstem Beschränken' derselben unter ‚Staatsaufsicht' dürfte die Rede sein können, und es dürfte hierfür unter Staatsaufsicht nur die Assistenz eines gehörig instruirten Gendarms bei jeder physiologischen Konferenz der betreffenden Herren Professoren mit ihren ‚Zuschauern' verstanden werden."

Die Gerichtssitzung ist aus. Ich, Richard, der Richter, habe gesprochen. Die von mir Angeklagten sind von mir schuldig erklärt und können gehen. — Nein, ich spreche noch weiter. Verurtheilte, erhebt euch! Es ziemt euch, meinen Beschluß stehend zu hören!

„Denn unser Schluß im Betreff der Menschenwürde sei dahin gefaßt, daß diese genau erst auf dem Punkte sich dokumentire, wo der Mensch vom Thiere sich durch das Mitleid auch mit dem Thiere zu unterscheiden vermag, da wir vom Thiere andererseits selbst das Mitleiden mit dem Menschen erlernen können, sobald dieses vernünftig und menschenwürdig von uns behandelt wird.

„Sollten wir hierüber verspottet, von unserer National-Intelligenz zurückgewiesen werden, und die Vivisektion in ihrer öffentlichen und privaten Blüthe fortbestehen bleiben, so hätten wir den Vertheidigern derselben wenigstens das eine Gute zu verdanken, daß wir aus einer Welt, in welcher ‚kein Hund länger mehr leben möchte,' auch als Menschen gern und willig scheiden, selbst wenn uns kein „deutsches Requiem" nachgespielt werden dürfte!

Bayreuth, Oktober 1879.

Richard Wagner".

Gott verhüte, daß wir zu denen gehören sollten, die über eine Welt spotten, in der Herr Richard Wagner nicht mehr leben möchte! Mit tiefer Wehmuth gedenken wir daran, daß er vielleicht auch eines Tages sterben und daß dann möglicherweise die jammervoll-daseinsdünkelhafte National-Intelligenz Deutschlands auf seinen wehrlosen Grabstein die Inschrift des Sprachverrotters Wolfgang Goethe setzen wird:

„Seine Meinung sagt er seinem Jahrhundert; er sagt sie, Noch einmal sagt er sie laut, hat sie gesagt und tritt ab."

Aber was in unseren Kräften steht, soll sicherlich geschehen, daß das Gedächtniß des Herrn Wagner nicht mit dem des seligen, von der plumpsten Logikgemeinheit besessenen Nicolai in einer Reihe erhalten bleibt.

Wir haben unserer Betrachtung nichts mehr hinzuzufügen, als daß wir ein Versäumniß nachholen müssen, das man uns jedoch nicht zur Last legen kann, weil wir zur Zeit seines Eintritts noch nicht im Stande waren, dasselbe zu vermeiden. Dafür ersuchen wir unsere Leser hier nachträglich, in der letzten Generalaufzählung der Heeresbestandtheile der antivivisektionischen Verbrüderung und Verschwisterung am Schluß der Reihenfolge zu lesen: — alle alten Weiber der Welt — Elpis Melena — der Pöbel mit Fäusten, Steinen und Knitteln — Herr Richard Wagner.

Ein „Requiem" können wir ihm mit dem besten Willen noch nicht singen. Es wäre in unserer ernsthaften Zeit auch schade für die Menschheit, wenn wir schon zu bald in diese Möglichkeit versetzt würden. Doch ein alter Volksreim, den wir irgendwo gehört, summt uns im Kopf:

Hier, wo mein Wahn geschaffen stand,
„Wahnschaffen" sei dies Haus genannt!
Da habt ihr ein deutsches Requiem!